LUIZ MARINS
ILUSTRAÇÕES DE ROBERTO NEGREIROS

SÓ NÃO ERRA
QUEM NÃO FAZ
e outros temas ilustrados
para fazer pensar

Copyright © 2017 Luiz Marins
Copyright © 2017 Integrare Editora e Livraria Ltda.

Editores
André Luiz M. Tiba e Luciana Marins Tiba

Coordenação e produção editorial
Reis Editores

Revisão
Pedro Japiassu Reis

Projeto gráfico e diagramação
Gerson Reis

Ilustrações
Roberto Negreiros

Capa
Q-pix – Estúdio de criação – Renato Sievers

Ilustrações de Capa e 4ª Capa
Roberto Negreiros

Dados Internacionais de Catalogação na Publicação (CIP)
Andreia de Almeida CRB-8/7889

Marins, Luiz
  Só não erra quem não faz: e outros temas ilustrados para fazer pensar / Luiz Marins ; ilustrador: Roberto Negreiros. - São Paulo : Integrare, 2017.
  168 p. : il. color.

ISBN: 978-85-8211-079-9

1. Sucesso nos negócios 2. Liderança 3. Atitude - Mudança 4. Otimismo 5. Empreendedorismo 6. Sucesso nos negócios - Crônicas I. Título II. Negreiros, Roberto

17-0629   CDD 650.1

Índices para catálogo sistemático:
1. Sucesso nos negócios - Crônicas

Todos os direitos reservados à
INTEGRARE EDITORA E LIVRARIA LTDA.
Rua Tabapuã, 1123, 7º andar, conj. 71/74
CEP 04533-014 – São Paulo – SP – Brasil
Tel. (55) (11) 3562-8590
Visite nosso site: www.integrareeditora.com.br

LUIZ MARINS
ILUSTRAÇÕES DE ROBERTO NEGREIROS

SÓ NÃO ERRA QUEM NÃO FAZ
e outros temas ilustrados
para fazer pensar

INTEGRARE
business

Dedicatória

Dedico este livro a todos aqueles que têm medo de errar, desejando que vençam esse terrível empecilho ao sucesso. Dedico também aos chatos perfeccionistas de plantão que pouco fazem, mas estão sempre prontos a apontar os erros dos que fazem.

Dedico aos mais que amigos Paulo de Tarso Simões de Almeida e Maria do Carmo e também ao Nilton Boarato, companheiros da Commit desde a primeira hora. São décadas de uma amizade que me faz considerá-los irmãos e suas famílias, nossa família. Sem a inteligência, dedicação e participação do Paulo de Tarso este livro não existiria.

Dedico também ao genial Roberto Negreiros. Seus traços, inconfundíveis, falam mais que os textos e os tornam quase desnecessários. Gênios como o Roberto existem poucos e ele usa o dom que Deus lhe deu como um mestre que dignifica a arte. Tenho a honra de tê-lo como ilustrador de vários de meus livros e devo a ele a maior parte do sucesso editorial dessas obras.

Dedico à minha esposa Ana Cristina, aos meus filhos, noras e netos que com seu amor, dedicação e crítica amorosa e mordaz, me empurram para frente e me motivam a fazer cada vez mais e a tentar errar menos.

Dedico, enfim, aos grandes amigos anônimos, leitores e telespectadores, que têm a paciência de me escrever e que muito têm contribuído, com suas opiniões, sugestões e críticas, para que eu nunca pare de estudar, ensinar e aprender.

A todos, e principalmente a Deus, a minha gratidão.

Sumário

Dedicatória 5
Introdução 9
Só não erra quem não faz 10
Pare de reclamar 12
O poder do entusiasmo 14
Cuidado com a fossilização 16
Imagine-se vencedor 18
Faça agora, não deixe para depois 20
Acabe com a arrogância 22
Permita o erro 24
Abaixo os grandes egos 26
Desperte a pessoa cansada que está dentro de você 28
Sonhe alto! 30
Reviva uma boa ideia do passado 32
Delegue, não abdique 34
Preste atenção aos detalhes 36
Cuidado para não desistir no meio do caminho 38
Seja acessível 40
Decida com rapidez 42
Não tenho tempo 44
Saia da sua sala 46
Tenha a atitude de aprender sempre 48
Saiba relaxar 50
Valorize a intuição 52
A inveja 54
Mudar: a única certeza estável 56
Motivar é ouvir 58
Transforme o seu cliente em seu vendedor 60
Três razões para o fracasso 62
Comprometido com o sucesso do cliente 64
A lição dos gansos 66
O empreendedor de sucesso 68
A palavra é *empowerment* 70
Observe a concorrência 72
Boas maneiras e educação 74
Saiba o que pensa seu cliente 76
Treinar, treinar, treinar 78
Visite um cliente preferencial 80

O primeiro cliente de sua empresa é o seu funcionário. Informe-o em primeiro lugar	82
Escreva seus objetivos e metas	84
Cale a boca	86
Cuide do seu velho cliente	88
Chega de desculpas	90
Cumpra horários e prazos	92
Surpreenda seu cliente	94
O homem vai longe depois de estar cansado	96
Dê retorno	98
Precisa-se de um herói	100
Não se economize	102
Pare de falar mal dos outros	104
Acreditar e pisar fundo!	106
Abaixo o mau humor	108
Dez dicas para viver com entusiasmo	110
Do plano do choro ao plano da ação	112
Seja simples	114
Viver é arriscar sempre	116
Cuidado com o "ativismo"	118
Durma com lápis e papel ao lado da cama	120
Sinta coragem e avance	122
Cuidado com os "sugadores de energia"	124
Desconfie das coisas muito fáceis	126
Antes de falar, ligue o cérebro	128
Elogie	130
Pare de ter dó de si mesmo	132
Olhe para a frente	134
Pense grande	136
Cuide-se!	138
Arrisque a saída heroica	140
Vença suas fraquezas	142
Cuide da sua imagem	144
Esfrie a cabeça	146
Faça seu cliente "ganhar tempo"	148
Mudar. A hora é agora!	150
Não desista	152
Dê crédito a quem realmente merece	154
Não crie muito caso	156
Abaixo o medo de participar	158
É preciso gostar do que se faz	160
Muito obrigado	162
Luiz Marins	164

Introdução

Atendendo as exigências da contemporaneidade, onde tempo é um dos recursos mais escassos e ainda a realidade das novas gerações que aprendem mais por imagens do que através de textos, este livro contém textos curtos, brilhantemente ilustrados por Roberto Negreiros.

As marcas deste livro são a simplicidade do texto e a beleza das ilustrações. Por isso é sofisticadamente simples e foi escrito para fazer o leitor pensar pelo contraponto imagem-texto.

Não é um livro linear. É mosaico. Quase multissensorial. Você poderá lê-lo em voz alta para experimentar a sensação milenar de ouvir a própria voz, multiplicando a aprendizagem. Você poderá percorrê-lo como quiser. Mas peço que o faça com vagar, prestando atenção em cada palavra, cada sentença, fazendo anotações à margem, saboreando a riqueza das ilustrações que, se bem observadas, falarão mais que o próprio texto.

São temas de reflexão e motivação pessoal, profissional e empresarial. A concisão dos textos me obrigou a focar no essencial. Procurei cobrir boa parte do que acredito ser a razão do sucesso e do fracasso de pessoas e empresas.

O meu desejo é que você, leitor, ao terminar de ler criticamente os textos e saborear as ilustrações, valorize mais sua intuição, não desista no meio do caminho, reviva alguma boa ideia do passado, sonhe alto, permita-se errar, acabe com o mau humor, tenha boas maneiras e educação, cuide-se, elogie, pare de falar mal dos outros, preste atenção aos detalhes, não crie muito caso, cumpra horários e prazos, transforme seu cliente em seu vendedor, desconfie das coisas muito fáceis, perca o medo de participar, olhe para a frente, acabe com a inveja, tenha cuidado com os sugadores de energia, tenha uma atitude de aprender sempre, acredite e pise fundo, não se economize, pare de ter dó de si mesmo, seja acessível, decida com rapidez, sinta coragem e avance, seja um empreendedor de sucesso e passe do plano do choro ao plano da ação. Boa leitura!

Luiz Marins
Outono, 2017

Só não erra quem não faz

Há pessoas que têm um medo muito grande de errar. Esse medo faz com que elas acabem deixando de fazer muitas coisas, de participar, de lutar, de se envolver. Às vezes o medo de errar é tão grande que essas pessoas ficam literalmente "travadas" e nem sequer se sentem confortáveis ao emitir uma opinião.

Pessoas assim estão fadadas ao fracasso. O tempo dos "mornos" realmente acabou. Hoje é preciso decidir, fazer, tentar, participar, descer do muro e assumir posições com coragem, lealdade e confiança. Pessoas que não se envolvem, não participam, nada fazem, e que, portanto, nunca erram, são hoje avaliadas como medíocres. Mas hoje em dia ninguém tem o direito de ser medíocre.

Errar não só é humano, como necessário.

O crescimento, o desenvolvimento, a aprendizagem se fazem muito mais por meio da análise de nossos erros do que pelo louvor de nossos acertos.

É preciso ter a coragem de errar.

Gostaria de sugerir que você fizesse uma autoanálise de seu comportamento com relação ao medo de errar, de agir.

Lembre-se: **só não erra quem não faz!**

Pare de reclamar

Tem gente que não percebe que viver reclamando só serve para piorar as coisas. Conheço pessoas que vivem para reclamar de tudo. Com uma visão extremamente negativa das coisas, essas pessoas só conseguem ver defeitos, erros e encontrar motivos para, cada vez mais, reclamar de tudo e de todos.

Conheço funcionários que, em vez de olharem os benefícios que recebem da empresa, as coisas positivas que o emprego lhes oferece, vivem reclamando de pequenas coisas, achando ruim fatos sem importância e criando um clima de insatisfação nos outros e em si próprios. Só reconhecem os valores e benefícios de sua empresa depois que são dispensados; arrependidos, vão ter maior contato com a realidade exterior e ver que a empresa em que trabalhavam era, de fato, uma boa empresa, ou pelo menos procurava ser e fazer o melhor que podia.

Conheço pessoas que só falam mal de seus chefes, de seus subordinados, da empresa, dos colegas de trabalho. Sujeitos assim são doentes. Não podem ser considerados pessoas sãs. *Quem vive reclamando, falando mal dos outros, reivindicando dia e noite maiores benefícios, é uma pessoa que precisa ser retreinada a ver o outro lado do mundo, o outro lado das pessoas.*

Gostaria que você analisasse mais uma vez.

Será que não adquiriu um verdadeiro "vício" de reclamar de tudo e de todos? Será que não adquiriu o mau hábito de falar mal de sua empresa, de seu chefe, de seus subordinados, de tudo e de todos? Mude enquanto é tempo. Seja sincero com a sua consciência e veja que há muitas coisas positivas em seu trabalho, em sua empresa, em seu chefe, em seus subordinados. Pense nisso.

O poder do entusiasmo

A palavra *entusiasmo* vem do grego e significa ter um deus dentro de si. Os gregos eram politeístas, isto é, acreditavam em vários deuses. A pessoa *entusiasmada* era possuída por um dos deuses e, por causa disso, poderia transformar a natureza e fazer as coisas acontecerem. Assim, se você fosse entusiasmado por Ceres (deusa da agricultura), você seria capaz de fazer acontecer a melhor colheita, e assim por diante. Segundo os gregos, só pessoas entusiasmadas eram capazes de vencer os desafios do cotidiano. Era preciso, portanto, entusiasmar-se.

O *entusiasmo* é diferente do otimismo. Otimismo significa acreditar que uma coisa vai dar certo. Talvez até torcer para que ela dê certo. Muita gente confunde otimismo com entusiasmo. No mundo de hoje, na empresa de hoje, é preciso *ser entusiasmado*. A pessoa entusiasmada é aquela que acredita na sua capacidade de transformar as coisas, de *fazer dar certo*. Entusiasmada é a pessoa que acredita em si. Acredita nos outros. Acredita na força que as pessoas têm de transformar o mundo e a própria realidade.

Só há uma maneira de ser entusiasmado: *agir entusiasticamente!* Se formos esperar ter as condições ideais primeiro, para depois nos entusiasmarmos, jamais nos entusiasmaremos com coisa alguma, pois sempre teremos razões para não nos entusiasmarmos. Não é o sucesso que traz o entusiasmo, *é o entusiasmo que traz o sucesso*. Conheço pessoas que ficam esperando as condições melhorarem, a vida melhorar, o sucesso chegar, para depois se entusiasmarem. A verdade é que jamais se entusiasmarão com coisa alguma. *O entusiasmo é que traz a nova visão da vida.*

Gostaria de perguntar a você e ao seu pessoal como vai o seu entusiasmo. Como vai seu entusiasmo pelo Brasil, por sua empresa, por seu emprego, por sua família, por seus filhos, pelo sucesso de seus amigos? Se você é daqueles que acham impossível entusiasmar-se com as condições atuais, acredite: jamais sairá dessa situação. É preciso acreditar em você. Acreditar na sua capacidade de vencer, de construir o sucesso, de transformar a realidade. Deixe de lado todo o negativismo. Deixe de lado o ceticismo. Abandone a descrença, entusiasma-se com sua vida e, principalmente, com você. Você verá a diferença.

Cuidado com a fossilização

Estamos vivendo a era das maiores transformações na história do homem na Terra. A aceleração da história é um fato incrivelmente perigoso para todos nós. Ou acompanhamos os novos tempos e nos abrimos para a modernidade, ou ficaremos fossilizados, obsoletos em muito pouco tempo. Vejo pessoas dizendo: "No meu tempo o mundo era diferente..." A grande pergunta é: "Quando é o seu tempo?" Em que ano você decidiu-se morto que agora acha que este não é mais o seu tempo? Eis um grande perigo: morrer, sem se dar conta de estar morto!

Quantas pessoas estão literalmente mortas! *Como está você?*

Você é uma pessoa *viva*, que "curte" a vida, seus amigos, sua família, seu emprego? Ou é uma pessoa que é contra o presente, contra a modernidade, amarga com a vida, com seus amigos, com sua família?

É preciso estar *vivo*, acompanhando os tempos, o progresso tecnológico, as novidades. É preciso incorporar-se neste mundo do computador, do fax, do satélite, da rapidez dos processos de decisão, da competição acirrada, do "marketing de guerra".

Viver hoje é um desafio. Um desafio que temos que aceitar e, mais do que aceitar, gostar, enfrentar e vencer. Não se deixe dominar pela nostalgia, pelo pessimismo, pela apatia. Aceite a mudança, viva a mudança, *mude!*

Estar vivo, no mundo de hoje, é um privilégio. É a era mais rica da história da humanidade!

Desperte dentro de você uma nova pessoa. Enfrente os novos desafios com entusiasmo e bom humor. Irradie otimismo e confiança. Não se deixe fossilizar.

Imagine-se vencedor

Nossa educação é muito errada. Desde criança, os pais acreditam que para "educar" uma criança devem mostrar-lhe constantemente seus erros. Com isso, reforçam os erros. Vivem dizendo "você não vai dar nada na vida...", "você é burro!" ou, ainda, "não sei o que você vai ser na vida", "você não serve pra nada...". Assim, a pessoa cresce com o sentimento de autoestima destruído. Essas imagens, palavras, instalam-se no subconsciente e a vida toda fica governada por imagens de fracasso e destruição. Acabe com isso. Reverta essa situação.

Uma das formas de acabar com isso é criar constantemente em sua mente imagens positivas, vencedoras. Imagine-se vencedor, imagine-se conseguindo as coisas que deseja, imagine-se realizando a venda, imagine o cliente assinando o pedido, imagine você ficando rico, sua família feliz, seus filhos com muito sucesso etc.

Não deixe imagens negativas entrarem na sua mente. Elas já são muitas. Não seja você mais um a negar o próprio sucesso. A força da imaginação criadora vem sendo comprovada a cada dia. Homens e mulheres de sucesso vêm declarando que fazem uso da força da imaginação e ficam surpresos ao verem que seus "sonhos" acabam se materializando na vida real.

Aprenda a fazer relaxamento (qualquer livro de relaxamento ensina uma técnica que você poderá utilizar) e durante o relaxamento crie imagens mentais de sucesso. Faça isso antes de se deitar e ao amanhecer, como ensinam as pessoas que sempre venceram na vida.

Embora tais atitudes possam parecer incomuns e mesmo estranhas, saiba que elas funcionam. É preciso colocar em nosso subconsciente imagens positivas, frases de sucesso. É preciso condicionar, ou recondicionar, a nossa mente para o sucesso. Pessoas que só falam, pensam e se imaginam fracassadas não terão alternativa na vida a não ser o fracasso. Mude tudo isso. Seja positivo! Experimente e verá sua vida transformar-se.

Faça agora, não deixe para depois

Quantas vezes já ocorreu de você deixar alguma coisa para depois e a oportunidade passar? Quantas ideias você teve, não implementou e quando desejou implementá-las já não tinham mais a validade de quando as concebeu?

Quantos negócios e oportunidades você perdeu por esperar demais?

Segundo o *Dicionário Aurélio*, "procrastinar" quer dizer "transferir para outro dia; adiar, delongar, demorar". Há pessoas que têm o mau hábito de procrastinar as coisas. Deixam tudo para depois. Não fazem nada na hora em que devem ser feitas ou no momento em que as ideias ocorrem. Essas pessoas não sabem o que perdem. São pobremente avaliadas pelos outros pelo simples hábito de procrastinar. Essas são pessoas que dão como desculpa o constante "deixa pra depois…", "vou fazer quando estiver mais calma…", "não gosto de fazer nada correndo…" etc. É preciso vencer esse pernicioso hábito.

Numa enquete que fizemos com gerentes de uma empresa multinacional, o item considerado de maior valor para um subordinado foi o de "fazer as coisas imediatamente após o pedido". Portanto, foram avaliados como os melhores, os subordinados que atendem prontamente a uma solicitação, os que "não deixam pra depois". O conselho que eu lhe daria é que fizesse uma análise das suas tarefas, dos seus afazeres, e verificasse se você não desenvolveu (às vezes inconscientemente) o hábito de procrastinar.

Veja quantas coisas você tem atrasado. Veja quantas coisas você tem deixado pra depois. Veja quantas tarefas já poderia ter cumprido e que estão engasgadas, tomando espaço na sua mente e que, realmente, acabam sendo fatores estressantes, porque sempre retorna à lembrança o fato de você ainda não ter feito isto ou aquilo, e novamente você deixa para depois…

Além de analisar se não adquiriu o hábito da procrastinação, veja se seus subordinados também não o adquiriram. Converse com eles. Faça-os ver que o famoso *Do it now* (Faça agora) dos americanos é um grande fator de sucesso profissional. Da mesma forma, veja se sua empresa não adquiriu o hábito de procrastinação com relação a seus clientes.

O atendimento é rápido? É imediato? Ou tudo é deixado para o dia seguinte, "pra depois"?

Acabe com a arrogância

Uma das coisas mais importantes do mundo dos negócios contemporâneo é que as pessoas ou empresas "arrogantes" não têm mais lugar.

No Brasil, as empresas não tinham muita necessidade de tomar cuidado com esse aspecto. A competição era pequena. O cliente ia à empresa de qualquer maneira.

As empresas que trabalhavam com redes de distribuição, distribuidores independentes etc. sempre foram e até podiam ser arrogantes ao extremo. Hoje as coisas mudaram.

As empresas que vendiam produtos com grande participação de mercado eram, então, incrivelmente arrogantes.

E o empresário? Também adotava uma posição extremamente arrogante. Aprender para quê? Inovar para quê? Participar de cursos, conferências, palestras, seminários? Para quê?

Ouvir os seus funcionários, proporcionar uma administração *realmente* participativa são exigências dos dias atuais.

Permita o erro

24 | SÓ NÃO ERRA **QUEM NÃO FAZ**

Quero falar dos chefes que não permitem que seus subordinados errem, experimentem, tentem, decidam. Esse é outro crime, tão grande quanto o medo de errar.

Se você é diretor, gerente, chefe, supervisor, saiba que seu trabalho principal é *fazer com que as pessoas façam, ajam, decidam.*

Conheço dirigentes empresariais que não sabem conviver com a árdua tarefa de ensinar seus subordinados a decidir, a assumir riscos. Então criam verdadeiros "capachos", verdadeiros autômatos, subordinados medíocres. E, logo em seguida, pasmem, criticam seus subordinados pelo fato de não decidirem, de não terem a coragem de fazer.

Um chefe que não permite o erro cria uma insegurança enorme em sua equipe de subordinados. Chefes que fazem escândalos a cada erro que descobrem, que ficam histéricos com relação aos possíveis erros de seus subordinados, jamais terão sob seu comando pessoas *proativas*.

Podem reparar que esses chefes (os que não permitem que seus subordinados errem) são sempre os "sobrecarregados", os mártires, os que trabalham dezoito horas por dia, os que querem supervisionar tudo e todos; desconfiam de tudo e de todos; são, portanto, maus chefes, pois ninguém, sob seu comando, jamais crescerá, jamais se desenvolverá, jamais será criativo.

Assim, tão grave quanto não saber errar é não permitir o erro.

Pense nisso.

Abaixo os grandes egos

Esse é o título de um artigo publicado por Lucy Kellaway no *Financial Times* de Londres. Ele trata de chefes, gerentes, supervisores, diretores, artistas e pessoas em geral que possuem um *EGO* grande demais. O artigo começa contando o caso ocorrido com a mais famosa modelo Naomi Campbell. Certo dia, o chefe dela, John Casablancas, disse estar "farto dos seus acessos de raiva, farto de suas maneiras gananciosas e exigentes e farto de ser maltratado, usado e abusado". Não importava o grande faturamento que ela trazia para sua agência – estava demitida! Essa história virou notícia mundial, não apenas porque cada passeio de Campbell na passarela é um acontecimento: a derrubada de um EGO gigantesco é um espetáculo raro e apreciado com muito deleite.

A verdade é que em todos os lugares encontramos pessoas assim. Arrogantes, metidas, "cheias de si"; que gostam de dar um "show particular" por qualquer coisa que aconteça. O mundo está cheio de gente assim. Chefes histéricos. Subordinados pedantes. Pessoas que só sabem dizer que as coisas não vão dar certo e querem que tudo gire em torno de si. Não é difícil saber quando um EGO se torna grande demais. Essas pessoas têm o hábito de não ouvir, não escutar o que as outras dizem. Têm que estar sempre na ribalta. Seu julgamento fica arbitrário. Recusam-se a aceitar que possam ser culpadas por alguma coisa e precisam sempre estar no controle da situação. Gostam de cercar-se de pessoas bajuladoras e aduladoras. Enfim, são aquelas pessoas horríveis que pensam ser mais do que as outras. Tenho certeza de que você já se lembrou de várias...

Gostaria que observasse se há alguém assim em sua empresa ou círculo de amigos. Livre-se dele, como fez Casablancas com a modelo Campbell.

Caso não possa livrar-se de seu chefe, diretor ou sei lá quem, procure não alimentar ainda mais o EGO dele. Deixe que o pobre-diabo dê seus "shows" sozinho. Além disso, por favor, *observe a si mesmo*. Veja se o *seu* EGO também não está crescido demais e se as pessoas não estão loucas para livrar-se de você também.

Cuidado: um EGO crescido é o caminho certo para o fracasso, para o isolamento.

Desperte a pessoa cansada que está dentro de você

Tenho visto pessoas de várias idades, dos 18 aos 60 anos, que parecem ter desistido de lutar, desistido de acreditar, desistido, principalmente, de *querer*. *Não deixe isso acontecer com você!* As notícias dos jornais e as reportagens da televisão têm levado as pessoas a achar que o mundo está acabando, que o Brasil não tem mais jeito, que o mundo é feito só de desgraças. *Não deixe isso acontecer com você!*

É preciso voltar a acreditar, voltar a desejar o sucesso, voltar a querer ardentemente que as coisas deem certo e agir para que elas, realmente, deem certo. É preciso voltar a enxergar o lado positivo das coisas, como, por exemplo, as pessoas que trabalham e que venceram com honestidade e honradez. É preciso voltar a acreditar na sua própria capacidade de fazer as coisas acontecerem. *É preciso acordar, despertar, ressuscitar aquela pessoa que um dia existiu dentro de você e que acreditava na vida, acreditava na capacidade de lutar, de vencer.* Não se deixe abater pelas más notícias, pelas pessoas negativas, pelas pessoas invejosas. Passe por cima disso tudo e volte a querer, a desejar, a acreditar e, principalmente, a *fazer as coisas acontecerem pelo seu próprio esforço e persistência*.

O desânimo, o pensamento negativo, a inveja, o individualismo não levam ninguém a lugar algum. Só fazem as coisas piorarem. Fico impressionado ao ver quantas pessoas se destroem deixando-se morrer interiormente. *Não deixe isso acontecer com você!*

Gostaria de pedir que você experimentasse deixar de ler notícias ruins, de assistir a telejornais sensacionalistas que só mostram o crime e a desgraça. Gostaria que você tentasse prestar atenção nas pessoas de sucesso, nas pessoas que venceram, nas pessoas que trabalham, que lutam, que são animadas com a vida. Estas é que devem ser nossos exemplos. Do contrário, estaremos vivendo como mortos-vivos, sem esperança, sem garra, sem entusiasmo, sem vontade de viver e vencer. Pela última vez, peço que *não deixe isso acontecer com você!*

Acredite que você foi feito para o sucesso!

Sonhe alto!

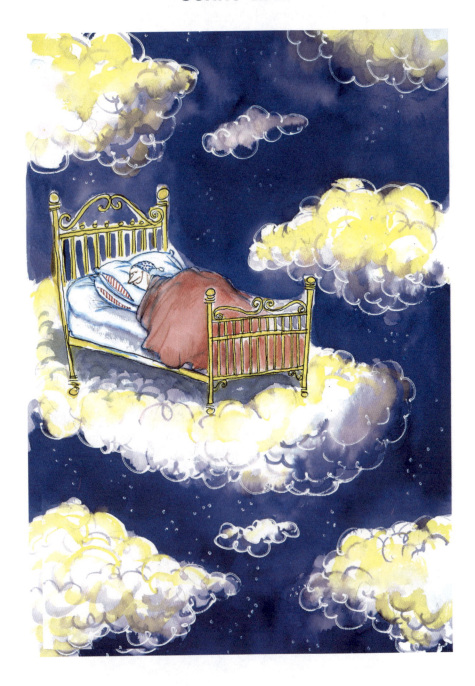

Sonhar alto, imaginar-se *vencendo* todos os obstáculos que surgem durante a caminhada empresarial e profissional hoje é ingrediente fundamental para o sucesso. Pessoas derrotistas, que não sonham, ou que sonham "baixo", achando-se sempre prejudicadas, vencidas, não conseguem ultrapassar os desafios de um mundo cada vez mais ágil, veloz e competitivo.

A atenta leitura das biografias dos grandes homens, dos grandes empresários e mesmo de grandes artistas mostra claramente que um dos mais importantes fatores de motivação de que sempre fizeram uso foi o *sonhar alto*. Essas pessoas nunca se conformaram com a pequenez, com a mediocridade, com a derrota. Sempre "viram-se" vencedoras. E então... tornaram-se vencedoras! Numa época de crise, de dificuldades, o grande perigo que corremos é nos deixarmos contaminar por esse clima devastador de qualquer sucesso.

Pessoas que vivem reclamando de tudo e de todos, que só prestam atenção às desgraças, que não conseguem ter uma visão positiva, na verdade, percorrem, com muita rapidez, o caminho do fracasso. Sonhar alto. Pensar alto. Agir de acordo com esses pensamentos é uma lição que todos devemos aprender e praticar. Pense nisso.

Reviva uma boa ideia do passado

Existem algumas ideias que tivemos há alguns anos que talvez foram postas em prática, talvez nem chegaram a ser experimentadas, mas que são realmente ideias brilhantes.

Na maior parte das vezes, essas ideias chegaram a ser iniciadas em nossas empresas, mas não tiveram continuidade, seja por falta de sensibilidade de que a ideia era realmente boa, seja pela falta de um *follow-up* que gerou simplesmente a descontinuidade da ideia.

Numa pesquisa feita pelas dez maiores agências de publicidade de Nova York, chegou-se à conclusão de que "velhos anúncios", "velhas ideias", tinham ainda uma força enorme dentro da cabeça do público. Essas ideias haviam sido abandonadas por seus criadores que as achavam velhas e fora de moda, mas, na verdade, era justamente o que as empresas estavam necessitando naquele momento.

Da mesma forma, o conselho que eu lhe daria é que tentasse buscar na sua memória, ou na memória de sua empresa, alguma ideia passada que possa ser "revitalizada" para o atual momento. Com certeza, a ideia precisará de adaptações aos novos tempos, às novas circunstâncias, contudo sua base poderá ser a mesma.

Assim, pare um momento e reveja a montanha de ideias que você já teve, tanto aquelas em que acreditou, como aquelas nas quais você nem sequer pensou com mais afinco, e analise seriamente se não são válidas para hoje. Temos feito esse exercício em muitas empresas com um grande sucesso e encontramos coisas incríveis dentro da história de cada empresa. Tente isso.

Delegue, não abdique

Certa vez um presidente de uma multinacional me perguntou o que havia de errado com ele. Ele delegava o máximo de responsabilidades para seus subordinados e assim mesmo estes tinham uma imagem ruim dele, achavam-no centralizador, autoritário. Fui pesquisar, a pedido dele, o que estava acontecendo em sua empresa. Logo descobri que esse presidente confundia DELEGAR com ABDICAR.

DELEGAR significa atribuir responsabilidades a um subordinado com a intenção de promovê-lo, fazê-lo crescer. Significa dividir suas responsabilidades com alguém, porém, *continuando ao seu lado, oferecendo apoio*. Embora a responsabilidade principal da tarefa tenha passado para outras mãos, quem delegou fica comprometido com o sucesso dessa ação.

ABDICAR significa "largar o subordinado na fogueira". Significa adotar uma atitude de "ou eu, ou você", ou ainda, do "Vire-se. A bola está com você. Não quero saber de nada. Só fale comigo no final..." etc.

Muitos chefes têm a intenção de delegar, mas só sabem *abdicar*, deixando os seus subordinados ainda mais inseguros e com a certeza de que lhes foi armada uma arapuca para que caiam e sejam recriminados posteriormente pelo chefe que diz ter "delegado". É muito importante saber delegar. Quem delega não interfere a todo momento nas coisas delegadas. Mas quem recebeu a tarefa sabe que *pode contar com seu chefe, caso necessite*. Chefes que abdicam em vez de delegar, criam situações de tensão e ansiedade na empresa. Criam insegurança e não conseguem desenvolver o potencial de seus subordinados.

Gostaria de sugerir que você, que é chefe, pensasse um pouco na sua atitude diante da delegação de funções. Pergunte-se: "Eu sei delegar? Eu delego, ou abdico? Os meus subordinados sentem-se seguros e amparados quando lhes delego alguma tarefa ou função, ou ficam tensos e ansiosos? Quando delego, tenho um sentimento de competição com meu subordinado torcendo para que ele erre e tenha que voltar a pedir o meu socorro?"

Delegar é fundamental para o sucesso da empresa e da sua chefia nestes anos de grande movimentação e aceleração dos processos de decisão.

Delegue, não abdique!

Preste atenção aos detalhes

Estamos vivendo no mundo do "macro", do "global", do "absoluto". E estamos nos esquecendo de que qualquer coisa só será totalmente perfeita se todas as partes que a compõem forem igualmente perfeitas. Estamos nos esquecendo dos "detalhes". E isso está deixando o mundo embrutecido. Não há mais quase nada que seja totalmente bem-feito. Sempre há alguma coisa que foi esquecida, negligenciada, em nome do "todo". Temos até pessoas que dizem: "Isso são detalhes que não importam".

A verdade é que a ausência de preocupação e cuidado com os detalhes está fazendo com que a qualidade dos produtos e dos serviços seja *totalmente* comprometida. Você se lembra da última vez que teve um serviço prestado por alguém que fosse totalmente perfeito, *em todos os detalhes*? Garanto que terá dificuldade em se lembrar.

Você se lembra da última vez que comprou algum produto completamente perfeito, *em todos os detalhes*?

Olhe para o seu carro zero-quilômetro! Observe os pequenos barulhos que irritam. De nada adianta ter um motor possante se a maçaneta cair todas as vezes que você fechar a porta...

A chamada "Qualidade Total" implica em uma disciplina mental de *prestar atenção aos detalhes* das coisas que fazemos. Veja o vaso de plantas de sua sala ou empresa. Olhe para ele: há quanto tempo ninguém cuida do detalhe de replantá-lo ou regá-lo? Veja o uso do crachá na sua empresa. Quem realmente usa? Veja o atendimento num restaurante. A cerveja está realmente gelada? O pedido veio totalmente de acordo com o que você pediu? Veja as cartas que você recebe. Seu nome está escrito corretamente?

Pense nisso. Leve sua empresa a PRESTAR ATENÇÃO AOS DETALHES. Faça uma reunião com seu pessoal e verifique o que pode ser melhorado nos detalhes dos produtos ou serviços que vocês prestam.

Cuidado para não desistir no meio do caminho

Oswaldo Cruz, o grande sanitarista brasileiro, tinha uma frase que sempre repetia aos seus companheiros na luta pelo saneamento básico no país à época: "NÃO ESMORECER, PARA NÃO DESMERECER."

Tenho visto em muitas empresas uma coisa extremamente desagradável. Muitos projetos começados, muitas ideias iniciadas, muitos programas lançados com grande alarde que, infelizmente, não chegam ao fim. Não chegam sequer ao ponto em que se possa avaliar a sua real utilidade. Os diretores, os gerentes, os chefes, os supervisores, as pessoas, enfim, desistem no meio da jornada. Param no meio do caminho.

Quantos programas espetaculares de Qualidade Total, Defeito Zero e outros, como visitas a clientes, a fornecedores, a pontos-de-venda, pesquisas de índice de satisfação do funcionário, sistemas de bonificação, cursos, seminários etc. começam na empresa e não têm continuidade? As pessoas desistem antes de os projetos poderem firmar-se, dizer a que vieram, mostrar seus primeiros resultados.

Há um imediatismo que precisa ser vencido. Tudo para ser bem-feito leva tempo. Vejam os programas de Qualidade Total. Eles exigem perseverança, tenacidade, atenção aos detalhes, acompanhamento e envolvimento de todos os diretores, gerentes e pessoal de cúpula para que possam dar resultado. E os resultados nem sempre vêm imediatamente. Além disso, esses programas custam dinheiro, tomam tempo dos executivos. A verdade é que, quando essas exigências se mostram absolutamente necessárias, muitas empresas desistem, esmorecem e fracassam.

Gostaria que você perguntasse a si mesmo e ao seu pessoal: como estão os programas que começamos? Damos seguimento ao que começamos? Damos energia, tempo, dedicação aos projetos e programas que iniciamos? Temos comprometimento com esses projetos? Temos tido paciência para esperar que os resultados apareçam?

Não esmoreça. Dê continuidade. Prestigie. Acompanhe. Tenha calma. Leia os relatórios. Ouça as conclusões. Vibre com os resultados. Valorize seu pessoal. Seja um exemplo de participação e envolvimento.

Seja acessível

Há pessoas que falam em administrar "de portas abertas" e até se gabam de serem "acessíveis" a seus subordinados e clientes. Porém, quando vamos ver mais de perto a sua forma de administrar, vemos que as "portas abertas" não passam de uma farsa, ou mesmo de um disfarce.

As portas, de fato, estão abertas, mas quem adentra aquela sala encontra lá uma pessoa, de fato, inacessível. Ela finge que ouve. Finge que está interessada. Finge que se preocupa com o que os outros estão dizendo ou pensando. Mas, na verdade, está embutida dentro de si própria. É uma pessoa, como se costuma dizer, que está "cheia de si". Administrar de portas abertas não significa somente abrir as portas da sala para que as pessoas vejam você trabalhando. Significa abrir a mente e o coração para seus subordinados, seus colegas, seus clientes.

Administrar de portas abertas não significa apenas permitir que as pessoas adentrem a sua sala. Significa você deixar sua sala e ir até onde as pessoas estão, conversar com elas, verificar *in loco* a sua situação de trabalho, enfim, comprometer-se com elas. É preciso, mais do que nunca, trabalhar realmente com portas abertas. Não só as portas da presidência, mas as portas de toda a diretoria, gerências, assistência técnica, departamento de vendas etc. A empresa moderna deve ser uma empresa aberta.

Gostaria que você se perguntasse se sua administração é realmente acessível. Pergunte às pessoas o que elas sentem quando têm que falar com você ou têm alguma coisa a lhe apresentar. Pergunte à sua secretária, aos seus colegas, qual a sua imagem em termos de acessibilidade. Uma pessoa inacessível é uma pessoa que fica embutida na ignorância dos fatos e das coisas que se passam dentro de uma empresa, pois as pessoas facilmente desistem de lhe contar as coisas. Um chefe inacessível é um chefe isolado. Um chefe isolado é um chefe morto.

Pense nisso.

Decida com rapidez

Hoje, no mundo empresarial, não é mais o maior que vencerá o menor, mas, sim, *o mais rápido é que vencerá o mais lento. É preciso decidir com rapidez!* Mais vale tomar vinte decisões por dia, sendo cinco erradas, do que tomar somente cinco decisões, mesmo que as cinco estejam todas certas.

O mundo está muito ágil. O mercado *muda muito rapidamente.*

O comportamento dos consumidores, dos empregados, dos fornecedores, de todos os que fazem parte do "jogo" da vida empresarial, muda muito rapidamente. Não podemos nos dar mais ao luxo de demorar e protelar a tomada de decisão.

Vejo empresas que ficam analisando, analisando e analisando uma situação indefinidamente, para depois tomar decisões. *Essa paralisia para analisar* é um grande mal que tem assolado muitas empresas. Quando a decisão é, enfim, tomada, já não tem mais a eficácia que poderia ter. Quantos negócios e clientes são perdidos por falta de uma decisão rápida das gerências, da diretoria ou mesmo do encarregado de resolver o problema? Para decidir com rapidez, é preciso ter *informação*. Para tanto, é preciso abrir, descongestionar, liberar o processo de comunicação dentro da empresa. É preciso que a informação e a comunicação fluam de baixo para cima e de cima para baixo na hierarquia. Tipicamente falando, numa hierarquia, *sobem informações* e *descem decisões*. Se as informações subirem truncadas, com ruídos, as decisões tomadas serão cada vez mais erradas, contraditórias, infelizes e confusas.

Libere o processo de comunicação em sua empresa, promovendo reuniões abertas, círculos de qualidade, grupos de estudo etc. Faça com que todos se sintam *realmente comprometidos* com o *processo* de tomada de decisão cada vez mais rápido, cada vez mais acertado, cada vez mais assumido com total responsabilidade. Permita o erro. Faça com que seus funcionários tentem mais, proponham mais, façam mais, *decidam mais*. E lembre-se de uma coisa: se você tiver uma ideia boa, corra para implementá-la, pois, sem dúvida, ela terá ocorrido para mil outras pessoas ao mesmo tempo. *Vencerá quem fizer. Fará quem tomar primeiro a decisão de fazer.*

Não tenho tempo

Há pessoas para as quais o dia parece ter apenas 18 horas. *Vivem dizendo que não têm tempo.* Vivem se dizendo "ocupadíssimas", vivem "correndo" de um lado para o outro; e o que parece mesmo é que não fazem nada de realmente *essencial*. Essas pessoas são aquelas que criticam duramente as outras que "acham tempo" para colaborar, para participar, para ajudar a comunidade. Dizem que essas pessoas que "acham tempo" querem mesmo é "aparecer"! As pessoas que se dizem "ocupadas" e "sem tempo" são aqueles diretores e gerentes que não encontram hora alguma para visitar clientes, para reunir seus funcionários, para participar de treinamentos em sua empresa, para ler, estudar, acompanhar o desenvolvimento do seu negócio. A qualquer coisa que se diga, vem logo a resposta pronta: "Não tenho tempo!"

O Papa Paulo VI só dava novos encargos para os bispos e cardeais que já tinham muitas atividades. Ele dizia que somente quem faz muita coisa arranja tempo para fazer ainda mais. *Aqueles que nada fazem, nada fazem justamente porque nada querem fazer.* Só sabem criticar. Observe um Clube de Serviço, uma Associação, um Grêmio etc. Quem faz tudo? Sempre os mesmos! E os demais ficam falando pelas costas, criticando, dizendo que aqueles que fazem, fazem tudo porque nada têm a fazer em suas empresas e, além do mais, querem "aparecer".

Essas pessoas que não participam de nada deveriam "se mancar" e pedir demissão dos clubes, associações, e assumir que realmente não servem para nada, não fazem nada. Deveriam ir dormir, descansar, relaxar, pois parecem ser essas as únicas coisas de que são realmente capazes, além de falar mal dos que realizam algo, é claro. Deveriam assumir o próprio ócio e a incapacidade de colaborar, de fazer, de criar e, principalmente, de "arranjar tempo".

Faça um exame de consciência. Você, de que lado está? Você é daqueles que colaboram, estão sempre prontos a ajudar, acham tempo para participar, dão opinião nas reuniões sem medo de trabalho; ou é dos que só sabem dizer "Não tenho tempo!", "Procure outro" etc.? O dia tem 24 horas para todas as pessoas. Recupere a noção do ridículo e veja que você não pode ser a pessoa mais ocupada e importante do mundo. Portanto, arranje tempo! Participe! Colabore!

Saia da sua sala

Tenho encontrado diretores, gerentes, chefes e supervisores que ficam presos em suas salas de trabalho e sentem extrema dificuldade em sair delas para deambular, andar, percorrer o chamado "chão da fábrica", ou onde os seus subordinados se encontram. Há os que têm extrema dificuldade em visitar clientes, fornecedores e "parceiros" de negócio. Chefes que ficam "entocados" em suas salas (num mundo cada vez mais rápido, mais ágil, onde as decisões devem ser tomadas com extrema agilidade e, portanto, com base em informações sólidas e calcadas na realidade concreta) estão fadados ao fracasso. Não conseguem decidir com rapidez e agilidade. Não conseguem "enxergar" a realidade concreta que só veem quem dela participam fisicamente, estando no local onde as coisas realmente ocorrem.

Chefes que ficam enclausurados em suas salas ficam cada vez mais presos a um falso conhecimento da realidade. As informações que lhes chegam já vêm "filtradas" por assessores, secretárias e, embora essas pessoas possam ser confiáveis, nada substitui o *feeling* pessoal do chefe em contato direto com os fatos. É, portanto, muito perigoso ficar sem informações diretamente colhidas com as pessoas e acontecimentos que fazem a realidade de nossa empresa, de nossos clientes, de nossos fornecedores, de nossos funcionários.

O simples fato de andar, deambular, conversar, perguntar, questionar, já é incrivelmente positivo para o sucesso de um chefe. É preciso perder o medo de sair da sala confortável que temos. Se você já sai, saia ainda mais. Há chefes que dizem que suas portas "estão sempre abertas" para quem queira falar-lhes. Isso é uma falácia. Cuidado! Os fatos importantes que você deve conhecer como chefe não virão bater à sua porta. Você é quem deve buscá-los incessantemente.

Pense nisto: Como está sua chefia? Você tem o hábito de sentar-se à frente de seus subordinados, onde eles trabalham, e realmente conhecer o que eles estão fazendo? Você visita clientes semanalmente? E seus fornecedores?

Tenha a atitude de aprender sempre

Tenho ficado preocupado com empresários que conheço — presidentes, vice-presidentes, diretores, chefes — que há muito tempo não fazem um curso, não participam de um seminário, não leem um livro. Porque são pessoas razoavelmente bem-sucedidas, pensam não precisar mais aprender. *Esse é um grande e perigoso engano!*

Além disso, essas pessoas perderam o costume de ouvir.

Ficaram tão cheias de si e da pretensa sabedoria que pensam possuir, que adotam uma atitude arrogante perante os outros e principalmente perante o saber. Essa é uma doença grave que pode atingir qualquer pessoa.

A atitude de achar que não se tem tempo para participar de um curso, de um seminário, e que isso é coisa só para os subordinados, é de uma ignorância incrível. *Quanto mais alto o seu nível hierárquico, mais você precisa aprender, ouvir, ler, participar de palestras, cursos etc.* Sua responsabilidade é maior.

Garanto que a sua empresa recebe inúmeros convites. *Participe.* Procure não perder nenhuma oportunidade de crescer, aperfeiçoar-se com a experiência alheia, trocar ideias, enfim, aprender.

Tenho participado de seminários importantes nos quais os participantes sempre dizem: "Meu chefe é que precisava ouvir isso... mas ele não participa de nada... parece ter vergonha de aprender... e o pior é que não ouve o que a gente quer contar depois de participar de um seminário..."

Muito cuidado! Veja se você não está nessa situação. Quando foi o último curso de que você participou? Quando foi o último seminário a que você foi? Qual o último livro de assuntos ligados à administração que você leu? Você tem a humildade de reconhecer que ainda precisa aprender muito? Essas são perguntas fundamentais para se vencer os desafios da qualidade e da competitividade dos dias de hoje.

Saiba relaxar

O mundo de hoje é extremamente tenso. A tensão leva à ansiedade. A ansiedade traz a tensão, num círculo vicioso dos mais graves para a saúde do executivo. Pessoas tensas, nervosas, não conseguem decidir bem. Têm a sua visão do mundo perturbada pela ansiedade e pelo medo do futuro. Pessoas tensas são quase sempre negativas, negadoras, e levam esse negativismo para toda a empresa, criando um clima desolador de fracasso. *É preciso saber relaxar.*

Há muitos cursos e livros que ensinam técnicas de relaxamento. Todas são válidas. O mundo de hoje exige que nos utilizemos dessas técnicas. A criatividade não pode ocorrer numa mente tensa. A inovação exige paz, calma. Temos que aprender a reconhecer o valor de nosso subconsciente para podermos vencer os desafios da modernidade.

Tire férias. Exija que seu pessoal tire férias. Não permita às pessoas que trabalham com você se sentirem "estouradas" de tanto trabalhar e não descansar, não relaxar. Não SE permita isso! O que antigamente poderia ser uma virtude (trabalhar sem tirar férias, sem descansar) é hoje um crime. As pessoas pensam estar ganhando. As empresas pensam estar ganhando, mas na verdade todos perdem num ambiente onde as pessoas vivem sobrecarregadas de serviço e tensão. Os problemas não passarão com a sua ansiedade. Eles só piorarão. A crise não passará porque você não tira férias há anos. Pense nisso.

Relaxe.

Valorize a intuição

O momento da percepção é o momento da ação. Aquilo que você intui são percepções muito importantes. Se nesse momento você colocar em ação essas percepções, seu trabalho renderá muito mais.

As pesquisas modernas vêm comprovando a cada dia a importância do subconsciente e seus mecanismos pouco conhecidos. Muitas vezes temos medo da intuição. Muitas vezes deixamos de acreditar em seu poder criador. Perdemos aí uma grande chance de acertar, de fazer as coisas na hora certa e apropriada. Valorizar a intuição é hoje recomendado pelos maiores gurus da administração, como Peter Drucker, Tom Peters e outros.

E quando a percepção intuitiva ocorre com uma ideia nova, brilhante, arrojada, você deve realmente agir rápido. Essa mesma ideia deve ter surgido na cabeça de mil outras pessoas ao mesmo tempo. Aquele que agir primeiro, aquele que confiar mais na sua intuição será o vencedor. Observe: quantas vezes você vê uma "novidade" na qual já havia pensado antes; você ouve uma ideia absolutamente "inédita" que já tivera antes; e às vezes muito tempo antes? Essa realidade comprova que o momento da percepção e da intuição é o momento da ação.

Não espere muito. Aja! Faça agora!

Gostaria que você se observasse e procurasse prestar atenção às suas intuições presentes e passadas. Veja como elas estavam quase sempre certas. Confie nelas daqui para a frente. Não deixe para depois uma coisa que você se programou para fazer agora. Acredite, esse é o segredo do sucesso de muita gente: ACREDITAR E AGIR RAPIDAMENTE, confiando em suas percepções intuitivas. Experimente!

A inveja

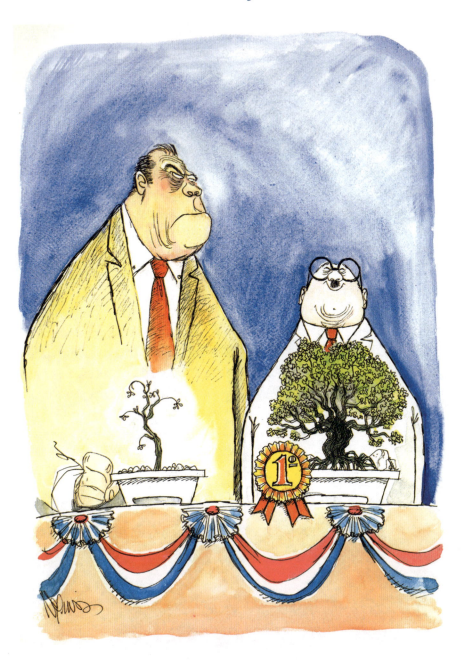

Como se comporta o invejoso, ou a invejosa? É simples. Ele, ou ela, fala mal de tudo e de todos por todos os motivos. Se você faz muito, é porque quer "aparecer". Se você não comparece, é porque não quer participar. Se você fala, está ruim. Se você fica quieto, é pior. Não há como agradar ou contentar pessoas que não estejam felizes consigo próprias e que vivem concentradas na vida alheia, no sucesso alheio. *Essas pessoas não compreendem que, quanto mais invejam, pior lhes é a própria vida, pois terão sempre a dimensão de seus fracassos pelo sucesso dos outros.*

O invejoso não consegue a necessária paz para empreender, para ser proativo, para realizar coisas certas em benefício de sua empresa, das pessoas, de seus subordinados, de seus superiores. Ele está sempre "alerta", vendo, estudando, observando o que os outros estão falando, o que os outros estão fazendo, o que os outros estão ganhando, o que os outros estão sentindo. Nessa obsessão de "viver a vida alheia", o invejoso perde a si mesmo e não sabe mais o que é capaz de pensar, realizar ou sentir.

Essas pessoas precisam de ajuda. Aconselhe. Faça-as ver que, da forma como vivem e veem o mundo, nunca serão felizes.

Mostre-lhes que a dimensão da felicidade e do sucesso está em fazer mais do que os outros esperam que façamos, em sermos "credores", e que no relacionamento humano e social a inveja impede o sucesso. Leve-as a ver seus próprios pontos positivos, suas virtudes e suas possibilidades de vencer pelos próprios méritos. A pessoa invejosa é uma pessoa doente que não suporta a si mesma, não suporta sua imagem e somente consegue se olhar através do espelho do sucesso alheio.

Mudar: a única certeza estável

Estamos vivendo a época das maiores transformações na história da humanidade. Nunca houve tantas mudanças ao mesmo tempo.

Viver hoje exige de cada um de nós, principalmente, uma grande adaptação à mudança. São três as principais características de nossos dias: o DINAMISMO, a INSTABILIDADE e a EVOLUÇÃO. Essa rapidez gera uma instabilidade que hoje tem de ser compreendida como parte integrante de nosso cotidiano. *Não esperamos a "estabilidade". Ela jamais voltará a existir.* O ritmo de mudança é tão violento que a estabilidade é coisa do passado. Temos que aprender a viver com a instabilidade. E isso não é fácil. Viver hoje exige um constante esforço de rompimento com o passado, com a linguagem, conceitos e modos com que sempre fizemos as coisas. Exige uma grande disposição para mudança e para novidade. E, além disso tudo, precisamos ser ágeis.

Agilidade e rapidez no processo de tomada de decisão são hoje vitais para a sobrevivência da empresa. Decidir com rapidez, coletar, estudar e disseminar para nosso pessoal informações relevantes sobre nossos clientes, são fatores fundamentais para o sucesso empresarial. Estamos na era da inteligência e a informação é o recurso fundamental. Venderá, conquistará o cliente aquele que detiver, estudar e colocar a serviço de seu negócio, a maior gama de informações sobre seus clientes — o que eles querem, como querem, quando querem, onde querem –, são perguntas que devem ser respondidas rápida e consistentemente pela empresa de hoje. Tudo isso para conseguirmos fazer a nossa empresa realmente *comprometer-se com o sucesso de nossos clientes.*

Gostaria que você parasse e pensasse como você está se adaptando às mudanças que vêm ocorrendo em nosso ambiente de negócios. Será que estamos realmente alertas para o ritmo das mudanças? Será que acreditamos na verdade de que as mudanças não só continuarão mais rápidas, como serão ainda mais dinâmicas? Estamos conscientes de que a concorrência será a cada ano mais acirrada? Somos abertos às novidades? Estamos trazendo para nossas empresas as novidades que o mundo está praticando em nosso ramo de negócio? Sou alguém disposto a mudar? Ou sou resistente, achando que tudo não passa de um "modismo passageiro" e que a concorrência vai quebrar, ou vai diminuir? Estou pensando seriamente em reengenharia, qualidade, cooperação, *teamwork, empowerment,* ou acho tudo isso uma besteira? Cuidado! Se você e sua empresa não se mexerem enquanto é tempo, daqui a pouco, com certeza, não se mexerão mais, *pois estarão mortos, fora do mercado!*

Pense nisso.

Motivar é ouvir

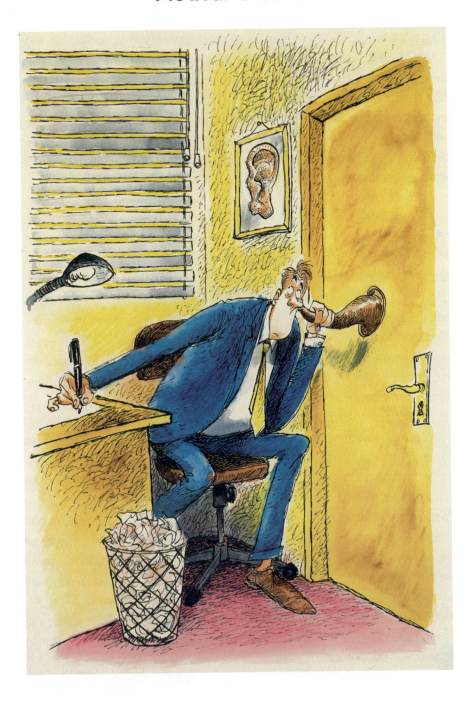

Experimente fazer uma coisa que todos os mais modernos livros de administração e gestão empresarial estão novamente enfatizando: OUÇA! Experimente falar menos e **OUVIR MAIS**.

Só ouvindo atentamente o que seus subordinados têm a dizer, é que você, como executivo, poderá tomar decisões cada vez mais acertadas. O processo decisório é um processo de informação. **Numa hierarquia, sobem INFORMAÇÕES e descem DECISÕES.**

Comprovadamente, muitas decisões tomadas se mostram erradas pela falta de capacidade de OUVIR dos chefes, supervisores, gerentes e diretores. Chefes antiquados estão acostumados a "fazer discursos" e a "pontificar" sobre o que é certo e o que é errado. Hoje, na verdade, é preciso cada vez mais conseguir a participação das pessoas que estão em contato diário com os operários, os clientes, os fornecedores etc. Pessoas assim têm mais condições de dizer o que realmente é importante para que a empresa cresça e se desenvolva. O projeto Taurus, da Ford americana, um dos maiores sucessos de vendas até hoje, foi desenvolvido a partir do momento em que a empresa decidiu OUVIR as pessoas dos níveis mais baixos. As opiniões foram tão sensatas que sua implementação foi simples e o sucesso, surpreendente.

Saia da sua sala, ou gabinete, e vá OUVIR as pessoas com quem trabalha. Faça perguntas. Saiba o que elas estão fazendo. Questione.

MOTIVAR É PRINCIPALMENTE OUVIR.

Transforme o seu cliente em seu vendedor

Principalmente no Brasil, um país essencialmente oral e auditivo, quem realmente vende não é o vendedor, e sim o *cliente*. Todos nós somos "homens públicos", no sentido de que temos que dar satisfação de nossos atos, de nossas compras, de tudo o que fazemos para todas as pessoas que nos cercam – parentes, amigos, colegas de trabalho etc. Se somos clientes de uma empresa, logo somos abordados por alguém que quer saber o motivo real de nossa preferência por aquela empresa. Se somos clientes "exclusivos", então somos obrigados a "vender" a nossa opção para competidores, companheiros, amigos. Passamos quase o dia todo "vendendo" os produtos que compramos.

As empresas modernas perceberam essa realidade e estão fazendo um verdadeiro esforço para TREINAR SEUS CLIENTES como se fossem seus vendedores. É claro que não se trata de colocar clientes numa sala de treinamento. Significa, isto sim, fornecer ao cliente uma gama de informações sobre nossos produtos e sobre nossa empresa, para que ele, mesmo sem perceber, seja capaz de "vender" corretamente a nossa empresa para as pessoas de seu relacionamento. Somente tendo informações corretas e confiáveis é que nosso cliente será capaz de nos "vender" com segurança.

E a verdade é que nossos clientes não têm informações suficientes sobre nossos produtos e nossa empresa. Vendemos e desaparecemos. Não fazemos o necessário *follow-up* após a venda para garantir que o nosso cliente se transforme, realmente, em nosso vendedor ativo.

Tenho acompanhado essa realidade por meio de pesquisas e tenho visto que o proprietário de um ponto-de-venda, ou um "varejo" exclusivo de uma marca, é fortemente assediado nas reuniões de seu sindicato, associação etc. para "justificar" as razões de sua preferência, ou exclusividade. E, na maioria das vezes, a empresa de quem ele é exclusivo pouco, ou nada faz, para auxiliá-lo nessa tarefa hercúlea de *vender*.

Gostaria que você pensasse: será que sua empresa dá aos seus clientes, sistematicamente, informações práticas e oportunas para que eles usem essas informações para "vender" a empresa e seus produtos a seus amigos, companheiros, concorrentes, parentes etc.? Se um cliente seu tiver que "se defender" perante seus amigos, tendo que "explicar" a razão pela qual compra ou comprou, de sua empresa, ele saberá o que dizer, corretamente? Ele tem *dados e informações* para se defender e, mais uma vez, "vender" a sua empresa aos outros?

Três razões para o fracasso

Quais serão as três razões para as empresas e pessoas fracassarem no mundo moderno? Uma pesquisa feita nos Estados Unidos com altos executivos de sucesso, apontou as seguintes razões:

1) Insensibilidade a outras pessoas

D. Wayne Calloway, presidente mundial da PepsiCo Inc., empresa *holding* da Pepsi Cola, diz que a *arrogância* é mortal para uma empresa e para as pessoas. Pessoas inteligentes, que pensam ter todas as respostas para todas as questões e se acham as "maiorais" em todos os assuntos, estão fadadas a nunca experimentar o sucesso. Essas pessoas não se desenvolvem e ficam fechadas em sua ignorância dos fatos e das diversas facetas da realidade. O trabalho em equipe é fundamental para o sucesso, e a arrogância mata qualquer trabalho de equipe.

2) Fazer "política" na empresa e colocar seus interesses pessoais acima dos interesses da empresa

Pessoas que mudam de opinião e posição conforme o vento sopra, e são eternos "bajuladores" de pessoas em posições-chave, jamais terão sucesso a longo prazo numa empresa. É claro que em toda empresa há "política". Porém, a pessoa que colocar a "política pessoal" acima dos interesses comuns da empresa, estará fadada ao fracasso.

3) Inflexibilidade

Pessoas que estão sempre balançando a cabeça e dizendo "isso não vai dar certo" e sempre sendo negativas em reuniões e esforços grupais, são insuportáveis para a empresa de hoje. O mundo de hoje exige um espírito aberto às mudanças. Pessoas inflexíveis, negadoras, pessimistas, que não se envolvem e não se comprometem, estão marcadas para fracassar.

Gostaria que você analisasse se não está sendo vítima de uma, duas, ou três razões citadas na pesquisa americana, que serve absolutamente bem para o caso brasileiro. Você é arrogante? Sua empresa é arrogante? Você faz muita "política" na sua empresa, participando de "grupos de fofoca", "facções" contra este, ou aquele departamento? Você é inflexível e negativo? Faça esse exame de consciência e mude. *Mude, enquanto há tempo para mudar. O sucesso o espera.*

Comprometido com o sucesso do cliente

Está havendo uma verdadeira revolução no conceito e na "visão" da empresa com relação ao cliente. Não basta mais "satisfazer", nem "antecipar", os desejos do cliente. Isto não provocará nenhuma diferenciação significativa de sua empresa. É uma *obrigação de qualquer empresa*.

Surge o *Comprometer-se com o sucesso do cliente*. Mais do que antecipar, é preciso que cada pessoa de sua empresa esteja impregnada dessa nova filosofia. Tem que sentir-se responsável e comprometida com o sucesso do seu cliente, e agir nessa direção.

Empresas vencedoras estão fazendo um trabalho universal nesse sentido, mudando toda a orientação de seus departamentos de marketing e de toda a empresa. O objetivo é conseguir esse *comprometimento total com o cliente*.

Gostaria de sugerir que você se perguntasse: "Em que década está minha empresa?"

Reúna seu pessoal para essa discussão. Monte projetos específicos para reverter a imagem e a filosofia de sua empresa. Comece já. A hora é agora!

A lição dos gansos

Chegou-me às mãos a seguinte história de um autor desconhecido:
"Quando um ganso bate as asas, cria um 'vácuo' para o pássaro seguinte. Voando numa formação em V, o bando inteiro tem o seu desempenho 71% melhor do que se a ave voasse sozinha."

Lição: Pessoas que compartilham uma direção comum e senso de comunidade podem atingir seus objetivos mais rápido e facilmente.

"Sempre que um ganso sai da formação, sente subitamente a resistência por tentar voar sozinho. Rapidamente, volta para a formação, aproveitando a 'aspiração' da ave imediatamente à sua frente."

Lição: Se tivermos tanta sensibilidade quanto um ganso, permaneceremos em formação com aqueles que se dirigem para onde pretendemos ir e nos disporemos a aceitar a sua ajuda, assim como prestar a nossa aos outros.

"Quando o ganso líder se cansa, muda para trás na formação e, imediatamente, um outro ganso assume o lugar voando para a posição de ponta."

Lição: É preciso acontecer um revezamento das tarefas pesadas e dividir a liderança. As pessoas, assim como os gansos, são dependentes umas das outras.

"Os gansos de trás, na formação, grasnam para incentivar e encorajar os da frente e aumentar a velocidade."

Lição: Precisamos nos assegurar de que o nosso "grasno" seja encorajador para que a nossa equipe aumente o seu desempenho.

"Quando um ganso fica doente, ferido, ou é abatido, dois gansos saem da formação e seguem-no para ajudá-lo e protegê-lo. Ficam com ele até que esteja apto a voar de novo, ou morra. Só assim eles voltam ao procedimento normal, com outra formação, ou vão atrás de um outro bando."

Lição: Se tivermos tanto bom senso quanto os gansos, também estaremos ao lado dos outros nos momentos difíceis.

Gostaria que você pensasse bem nas lições dos gansos. Leia com atenção, reflita sobre cada item, transponha-o para a sua realidade, mostre ao seu pessoal e discuta com ele. Até com os gansos podemos aprender!

O empreendedor de sucesso

Um estudo realizado nos Estados Unidos definiu cinco características básicas para um empresário obter sucesso em seu negócio. Vamos analisar um pouco cada uma delas:

1) Alto grau de energia. São pessoas que têm comprometimento e habilidade para conseguir que as coisas sejam feitas; persistência para fazer as coisas até o final; energia física e mental, iniciativa, vigor e muita força de vontade para levar um projeto, ou um sonho, até o fim.

2) Pensar como empreendedor. Para ter sucesso, o empresário deve inovar ideias e caminhos; pensar ou explorar soluções não-ortodoxas; fazer comparações inteligentes, tirando conclusões sobre elas e usar a razão em termos práticos, teóricos e abstratos.

3) Talento no relacionamento com as pessoas. Envolve a vontade e a disposição da pessoa em trabalhar com outras pessoas, aceitar comentários, rir e sorrir de situações mesmo quando as coisas vão mal. Esta parece ser a principal característica, diz o estudo.

4) Habilidade em comunicação. Envolve a habilidade de falar de forma clara, sem rodeios, sem rebuscamentos e a habilidade de ouvir realmente, escutar as pessoas, absorver e entender o que elas dizem. Escrever de forma clara e concisa e ter a capacidade de transmitir confiança para as pessoas com quem se comunica.

5) Conhecimento técnico. Curiosamente a última da lista. Envolve a capacidade do executivo em obter e trabalhar as informações sobre o que faz, o que vem acontecendo em seu campo de atuação, quais as mudanças prováveis, e preparar-se para elas. Isto, é claro, requer vontade, estudo e dedicação.

Gostaria que você tomasse um pouco do seu tempo para fazer uma autoanálise do seu perfil como empreendedor. Nenhuma empresa, nenhum negócio pode prosperar sem uma atitude empreendedora do empresário, diretores, gerentes, supervisores. Desenvolver as habilidades de um empreendedor é fator fundamental para o sucesso. Depois da autoanálise, sugiro que coloque em um papel quais das cinco características você precisa desenvolver. Depois escreva o que pretende fazer para desenvolvê-las. Dê um prazo para isso e defina os meios, a metodologia, as estratégias que você utilizará. Só assim, com muita VONTADE e DETERMINAÇÃO, o sucesso chegará. Como diziam os mais velhos, o único lugar onde **sucesso** vem antes de **trabalho** é... no dicionário!

A palavra é *empowerment*

As empresas de sucesso e de alto padrão, nos dias de hoje, descobriram uma nova palavra: *empowerment*, que significa literalmente "dar poder", "dar autonomia" aos funcionários para que eles mesmos diagnostiquem, analisem e proponham soluções para os problemas da empresa. Um gerente, hoje, é muito mais alguém que auxilia o grupo a pensar, a refletir, a propor soluções, do que alguém que tira da cartola as soluções para os problemas dos seus subordinados.

Peter Drucker, numa entrevista que deu à *Harvard Business Review*, diz taxativamente que "hoje não se avalia mais um gerente pelo número de pessoas que se reportam a ele, mas sim, pela sua capacidade em fazer essas pessoas decidirem por si mesmas e trabalharem a massa de informações disponíveis na empresa".

Essa é uma nova realidade que muitas empresas relutam em aceitar. Ainda há empresas em que existe uma irritante tensão entre chefes e subordinados. Ainda há empresas que hesitam em valer-se de esforços grupais de seus funcionários e de métodos de análise e soluções de problemas que enfatizem a qualidade e a produtividade. Como diz ainda Peter Drucker: "As novidades atuais são *muito antigas* e *muito óbvias*." Se as estamos descobrindo somente agora, é porque éramos cegos à verdadeira realidade e os tempos eram definitivamente outros, as pessoas eram outras, as exigências eram diferentes, as oportunidades menores, a concorrência menos acirrada, as margens de comercialização muito maiores etc. Os tempos mudaram, definitivamente, e as empresas que não acompanharem a tendência do *empowerment* acabarão ficando no meio do caminho, perderão seus melhores talentos e não vencerão a concorrência porque, para vender hoje, exige-se muita criatividade e iniciativa, e essas duas coisas só acontecem nas empresas que dão *autonomia e poder ao seu pessoal.*

Pense nisso. Como é o *empowerment* na sua empresa? As pessoas sentem-se *energizadas* suficientemente para propor soluções aos problemas que enfrentam? As pessoas são motivadas e estimuladas a criar automaticamente? Os esforços coletivos são incentivados e premiados?

Entre nessa onda e você descobrirá novos funcionários, mais motivados, com maior entusiasmo pelo trabalho. Você verá que a solução de muitos problemas de sua empresa está dentro dela mesma, na cabeça de seus funcionários.

Observe a concorrência

O aumento da competitividade é um fato indiscutível e irreversível. Uma das grandes armas que as empresas precisam desenvolver é a OBSERVAÇÃO. Ninguém pode ficar parado nestes tempos, olhando para o próprio umbigo. Esse é um grande perigo. Empresas que são voltadas para dentro de si mesmas não poderão aguentar o processo competitivo acelerado.

Temos dito que é preciso voltar-se para o cliente. Mas, é preciso também observar a concorrência. Como todas as empresas estão em uma luta constante para diferenciar-se de seus concorrentes e apresentar-se com um padrão de excelência superior, é preciso observar a concorrência para:

a) situar as tendências do mercado;

b) acelerar o processo de diferenciação da sua empresa em relação aos concorrentes;

c) criar formas diferentes de abordagem ao cliente;

d) sentir se sua empresa está acompanhando, ou ficando para trás, na prestação de serviços aos clientes.

Algumas empresas estão desenvolvendo um hábito sadio: em todas as reuniões de gerentes (semanais) e mesmo em reuniões de outro escalão qualquer, estão colocando como tópico obrigatório uma análise da concorrência. Além dos benefícios de se acostumar a observar o que a concorrência está fazendo, isso serve também para lembrar a todos que não estamos sozinhos no mercado, nem somos os únicos preocupados com o cliente, com o processo de inovação e diferenciação. Serve para mostrar que a concorrência está viva e que precisamos estar atentos a todos os seus passos para poder caminhar sempre à frente dela.

Faça um esforço adicional de observar a concorrência. Juntamente com seu pessoal, faça uma lista desapaixonada de tudo o que seus concorrentes fazem melhor do que a sua empresa. Pense no valor que essas coisas poderão ter para os clientes. É preciso envolver a empresa toda num clima de "vencer, ou vencer".

Boas maneiras e educação

Pode parecer piegas falar em "boas maneiras e educação" (no sentido de *cortesia*) na empresa. Nem sempre estamos atentos a esses fatores e quase sempre pagamos caro por isso.

A Toyota, do Japão, sugeriu aos seus concessionários que fizessem um grande esforço de treinamento de seus funcionários em "boas maneiras e cortesia". "A reação contrária dos funcionários foi muito grande", comenta um dos diretores da maior concessionária Toyota, do Japão. Porém, a empresa decidiu dar continuidade ao projeto e hoje colhe os frutos de um dos maiores sucessos em vendas e atendimento, segundo seus próprios funcionários, que hoje reconhecem o valor da iniciativa.

"Boas maneiras" e "educação" são essenciais para um bom ambiente de trabalho. Não há quem goste, ou mesmo consiga produzir com eficiência e eficácia, num ambiente onde as pessoas se tratam mal, falam alto, dizem impropérios uns aos outros, trabalham de cara fechada e onde os clientes são tratados de qualquer maneira e mesmo rudemente. Do ponto de vista da empresa, os resultados de um esforço para aumentar as "boas maneiras" são espetaculares. Ensinar as pessoas a dizer "com licença", "por favor" e "obrigado", ajuda muito um ambiente de trabalho a tornar-se sadio. Da mesma forma, uma empresa onde as pessoas são educadas a dizer "seja bem-vindo", "é um prazer recebê-lo em nossa empresa" etc. consegue fazer uma grande diferença para seus clientes.

Este é um tema complexo, porque as pessoas em geral o acham irrelevante, sem a mínima importância. Porém, as maiores empresas do mundo estão preocupadas com isso e obtêm grandes resultados positivos.

Minha sugestão é que você observe como as pessoas se tratam na sua empresa. É muito raro ver um dirigente empresarial que trata seus funcionários com descortesia, ter funcionários que tratem os clientes com cortesia. *Cortesia é fruto de cortesia.* Inicie na sua empresa uma busca quieta, permanente, firme e continuada de boas maneiras e cortesia. Chame a atenção das pessoas, mas principalmente dê o exemplo tratando a todos, funcionários e clientes, com o maior respeito. Isso pode mudar o "clima" de sua empresa e todos podem passar a se respeitar mutuamente e, juntos, a tratar os clientes com mais cortesia, fazendo-os querer voltar sempre à sua empresa.

Pense nisso.

Saiba o que pensa seu cliente

Participei de um seminário de uma grande multinacional e presenciei uma coisa realmente interessante. Todos os participantes eram clientes. E a esses clientes foram feitas três perguntas simples, para que respondessem em grupos:

a) *O que a nossa empresa faz de melhor e que deve continuar fazendo?*

b) *O que a nossa empresa faz de ruim e que deve deixar de fazer?*

c) *O que a nossa empresa não faz e deveria passar a fazer?*

Os clientes passaram a tarde toda fazendo essa análise. Após as discussões, foram feitos um resumo e uma tabulação das opiniões.

A empresa comprometeu-se, na frente de seus melhores clientes, a fazer mais daquilo que sabia fazer melhor, a deixar de fazer aquilo que fazia de errado e a verificar como implementar o que deveria fazer, mas não fazia.

Foi um exercício dos mais felizes. Todos saíram ganhando: a empresa que ouviu diretamente os seus clientes, e os clientes que, por certo, terão uma empresa mais voltada às suas reais necessidades.

Minha sugestão é que você convide alguns clientes preferenciais que sejam formadores de opinião e procure conhecer, em primeira mão e diretamente deles, o que realmente pensam sobre sua empresa, seus produtos, seus serviços. Use essas mesmas perguntas, ou formule outras do tipo. Mas, faça, urgentemente, alguma coisa para ouvir seus clientes, antes que seu concorrente os ouça...

Treinar, treinar, treinar

Pode parecer exagero, mas o trinômio do sucesso para a empresa de hoje é "TREINAR, TREINAR, TREINAR". A verdade é que o homem precisa sentir-se em constante desenvolvimento.

Se o nosso objetivo é termos empregados motivados, que dão tudo o que há de melhor de si para a empresa, então não nos resta outro caminho a não ser **TREINAR, TREINAR, TREINAR**.

Numa pesquisa que fizemos com funcionários de 45 empresas de médio e grande porte, o item considerado de maior fator motivacional para o funcionário foi "treinamentos constantes". Os empregados (de todos os níveis) disseram em entrevistas que os treinamentos constantes demonstram o interesse da empresa em seu crescimento pessoal e que os fazem melhores funcionários e seres humanos e que, ainda, aumentam seu comprometimento e autoestima.

Treinar não significa somente fazer o funcionário participar de cursos formais promovidos pela empresa. Às vezes palestras, reuniões, seminários promovidos pela comunidade, ou agências especiais, dão ao funcionário mais do que um treinamento formal dentro de sua área específica de trabalho. Quantas palestras, seminários, pequenos cursos são desenvolvidos em sua cidade e que poderiam ter a participação de seus funcionários? Incentive essa participação!

Pense em *treinamento*.

Peça a cada funcionário que faça, ele próprio, uma análise de seu autodesenvolvimento e que proponha a você em quais áreas ele gostaria de se aperfeiçoar. Ninguém melhor do que a própria pessoa para saber quais as suas reais necessidades.

Em seguida, ajude-o na escolha de cursos, seminários, simpósios etc., fazendo um verdadeiro "Plano Anual de Aperfeiçoamento" para cada um. Somente se eles se sentirem crescendo a cada dia, você terá funcionários ativos, motivados e felizes.

Sem eles, não há empresa que vença os desafios da modernidade.

Pense nisso.

Visite um cliente preferencial

Há algum tempo fiz um seminário com Peter Drucker, o "papa" da Administração. Das muitas coisas interessantes que ele disse, a que mais chamou a atenção dos participantes foi: "FAÇA O VOTO DE VISITAR UM CLIENTE AO MENOS UMA VEZ POR SEMANA."

Em qualquer empresa temos a realidade da curva ABC, ou seja: 80% de nossa receita provém de 20% de nossos clientes.

Faça um sério voto: VISITE UM DE SEUS CLIENTES PREFERENCIAIS. Para ser mais específico, sugiro que você visite um cliente que há muito tempo você não visita, ou mesmo um que nunca tenha visitado. Surpreenda o seu cliente fazendo uma visita à empresa dele, no local onde ele trabalha.

Você irá me perguntar: o que eu vou dizer a ele? E a resposta é simples: AGRADEÇA A ELE A PREFERÊNCIA QUE ELE LHE DÁ SENDO SEU CLIENTE. Nada mais é preciso. Não vá vender. Não vá pedir nada. Pergunte como você pode servi-lo melhor.

Surpreenda o seu cliente fazendo apenas uma visita de CORTESIA.

Antes de ir, porém, colete alguns dados do cliente: nome completo, nome da esposa, filhos, há quanto tempo compra de sua empresa, qual a compra média/mensal etc. Mais uma vez você surpreenderá seu cliente quando ele perceber que você o conhece, que você presta atenção ao fato de ele ser seu cliente.

Mais uma sugestão: leve seu gerente com você.

O primeiro cliente de sua empresa é o seu funcionário. Informe-o em primeiro lugar

Tenho visto um sério problema em algumas empresas: os funcionários são os últimos a saber das novidades, das campanhas, dos lançamentos, dos brindes a serem distribuídos etc. O primeiro cliente de qualquer empresa é o seu funcionário.

Assim, o funcionário deve ser o primeiro a saber de tudo, a receber as informações essenciais da empresa como novas campanhas, novos produtos, novas formas de vender e financiar, novas pessoas etc. Infelizmente, isso não acontece. Outro dia mesmo liguei para uma empresa que estava anunciando uma promoção pelos jornais. A telefonista não sabia de nada. Passou-me para o setor de vendas que – pasmem! –, também não sabia de nada. Conversei com os diretores da empresa e eles confessaram que decidiram a campanha em longas reuniões com a agência de publicidade e mantiveram longas negociações com rádios, jornais e emissoras de televisão. Apenas se esqueceram de avisar os funcionários! Não preciso dizer que a campanha foi um fracasso.

Numa revendedora de automóveis sugeri que, antes de lançar o novo carro pela imprensa, fizessem um "lançamento interno", para os funcionários, com um pequeno coquetel, discurso e tudo mais. Isso foi feito e o resultado foi absolutamente surpreendente. O pessoal da administração, as secretárias, as recepcionistas, os balconistas de peça e outros funcionários nunca haviam entrado num carro zero-quilômetro! Nunca ninguém havia lhes mostrado um carro em detalhes, desde o motor, até o porta-malas. E havia gente que trabalhava em revenda de automóveis há mais de 15 anos!

Como podemos querer que nossos funcionários "respirem" vendas; como podemos querer que todas as pessoas de nossas empresas participem do esforço de vender nossos produtos, prestar assistência técnica, atender clientes etc., se não lhes damos a oportunidade do conhecimento, da informação, da familiaridade com nossos produtos? É um contrassenso!

Quando lançamos um novo produto, será que permitimos – ou mesmo "exigimos" –, que nossos funcionários sejam os primeiros a experimentá-lo, a conhecê-lo, a tocá-lo, a senti-lo?

Pense nisso, veja como sua empresa pensa e age em relação a esse assunto. Lembre-se de que *sem o comprometimento total de nossos funcionários, jamais teremos uma empresa de qualidade*. E, para que esse comprometimento exista, é preciso, antes de tudo, que os funcionários, real e concretamente, participem.

Escreva seus objetivos e metas

Sem dúvida alguma, ainda mais nos dias de hoje, em que os apelos e opções são muito diversos, é preciso que todos tenhamos objetivos e metas claros e definidos para tudo o que fazemos. Sem esse "foco" necessário, ficaremos à mercê do dia-a-dia, dos acontecimentos do cotidiano, e não conseguiremos o que realmente desejamos.

Esses objetivos e metas devem, sempre que possível, ser mensuráveis, funcionais e observáveis, isto é, passíveis de avaliação dentro de determinado prazo quando saberemos se atingimos ou não essas metas e objetivos. Assim, as metas devem ser quantificadas, enquanto os objetivos podem ser comportamentais e observáveis.

Ter objetivos e metas não basta para nos levar ao sucesso. É preciso que escrevamos esses objetivos e metas. Ao escrevermos, estaremos nos comprometendo duplamente com eles, teremos um "documento" que nos fará responsáveis pelo que realmente estamos desejando.

Muita gente comete o erro de não escrever seus objetivos pessoais e profissionais. O que acontece é que, depois de algum tempo a memória nos trai, ou mesmo fazemos de conta que o que queríamos não era realmente aquilo, uma vez que nada ficou documentado.

Gostaria que você parasse com o lufa-lufa de sua vida por alguns instantes e escrevesse numa folha de papel seus objetivos e metas pessoais e profissionais. Faça isso num local calmo. Pense bem antes de escrever. Depois de escrever, leia e releia. Modifique o que achar necessário. Guarde esse "documento" em um local que só você saiba e releia-o de vez em quando. Você ficará surpreso de ver como as coisas certas começarão a acontecer em direção aos objetivos e metas traçados por você.

Experimente.

Cale a boca

"Quanto mais você explodir, mais explodirá e essa tendência só aumentará, pois, a explosão é um hábito e uma escolha".
(Neil Clark Warren, em *Make Anger your Ally*).

— Era só o que faltava! Logo agora que eu estava aprendendo a ser maroto e malcriado com as pessoas e a não levar desaforo pra casa, "soltando os cachorros" em todo mundo, aparecem uns livros nos Estados Unidos sobre as mais modernas teorias da psicologia dizendo que "xingar, explodir, descarregar a raiva nos outros" só serve para complicar as coisas para nós mesmos.

Os livros *Make Anger your Ally*, de Neil Clark Warren; *Anger: The Misunderstood Emotion*, de Carol Tavris; e *Love and Anger in Marriage*, de David Mace, aconselham a não explodir, a não manifestar raiva em nenhum sentido, e mesmo a não cultivar o hábito de se lamentar quando as coisas não saem, ou não são, do jeito que a gente quer. Todos esses livros vão contra os outros famosos livros de George Bach, ou de Theodore Rubin, ambos grandes advogados da arte de "não recolher" ressentimentos e de "explodir", até mesmo no casamento.

Outros livros, igualmente famosos no mundo inteiro e que fazem uma completa análise das culturas orientais, têm demonstrado o grande valor de "calar a boca" quando a vontade é a de "soltar os cachorros". Estruturalistas afirmam que o hábito cultural de "não ofender os outros" é altamente positivo para o espírito e para o corpo. Afirmam, ainda, que é desprovido de qualquer fundamento a assertiva de que "explodir" faz bem.

Gostaria que você pensasse sobre isso. Será que você é do tipo que "explode à toa"? Será que você ainda acredita que "não deve levar desaforo pra casa" e que isso é o que uma pessoa "moderna" deve fazer? Será que esse comportamento seu, ou de seus colegas, não está na verdade criando um ambiente "viciado" em reclamar, explodir, xingar, deteriorando a qualidade de vida da empresa e mesmo a qualidade de vida na família?

O conselho moderno é "cale a boca", antes que você mesmo seja sua maior vítima.

Pense nisso.

Cuide do seu velho cliente

Tenho visto uma coisa que tem me preocupado: empresas que investem tempo e recursos para conquistar novos clientes e na verdade desprezam aqueles que lhe são fiéis há muitos anos. Com a mão direita tentam conquistar novos clientes enquanto, com a mão esquerda, estão perdendo aqueles que já têm. É incrível como isto tem acontecido.

Vejo empresas que têm clientes "exclusivos" que são maltratados ou, no mínimo, tratados com displicência. Depois que se tornam "exclusivos", viram "prata da casa", e daí ninguém mais se preocupa em "polir" essa prata com atendimento, atenção, cuidado, tratamento preferencial etc. Na verdade, parece que os únicos clientes que valem a pena são os novos, os recentes. Aqueles que estão dando lucros às empresas por muitos anos e que são fiéis à marca, são considerados "dispensáveis", "exigentes demais" etc.

Esse erro me parece muito sério e deve ser corrigido o quanto antes pelas empresas. Afinal, "cliente" é aquele que já compra de mim. É aquele que, dentre outras empresas, escolheu a minha. Dentre outras marcas, escolheu a minha. Vejo empresas oferecendo vantagens enormes para uma empresa que não é cliente tornar-se cliente, enquanto as mesmas vantagens jamais são oferecidas para que um cliente *mantenha-se* cliente. Isso, sem dúvida, é irritante para o atual cliente e prova um desprezo inaceitável, do ponto de vista de quem já é cliente. Vejo vendedores, gerentes de venda e mesmo diretores de empresas que passam defronte a um cliente da concorrência e juram "virar" aquele cliente para a sua marca. Às vezes, na mesma rua, ou cidade, há clientes seus "virando" para a concorrência por falta de atendimento, atenção, serviço.

Conquistar um novo cliente custa cinco vezes mais do que manter um cliente atual. E um cliente satisfeito é, na verdade, um "ponto-de-venda" que não tem preço. Gostaria que você pensasse sobre a política de sua empresa com relação aos clientes atuais. Será que não estamos perdendo clientes atuais na ânsia de conquistarmos novos? O que fala de nossa empresa o nosso atual cliente? Ele é um "vendedor ativo" de nossa empresa, graças aos continuados serviços que a ele prestamos?

Pense nisso.

Chega de desculpas

Um cliente me ligou pedindo que eu escrevesse sobre as mil desculpas que as pessoas dão por não terem feito alguma coisa que deveriam ter feito. Dizia ele não aguentar mais as desculpas esfarrapadas que muitos dão, a todo tempo, para justificar o injustificável – a sua própria inércia e o seu baixo comprometimento em fazer as coisas que têm como obrigação.

De fato, é incrível como "dar desculpas" virou uma verdadeira doença nas pessoas. Pouco comprometidas, essas pessoas têm a desfaçatez de simplesmente "arranjar uma boa (sic) desculpa", e pensam que assim enganam os outros e são espertas.

Quero dizer a essas pessoas que percebem, sabem e avaliam que esses eternos "desculpadores" não são mesmo capazes de fazer nada, a não ser inventar desculpas com a maior cara-lavada. E, ao pensar que estão ganhando e enganando, essas pessoas estão mesmo é perdendo a credibilidade e jogando fora as oportunidades que poderiam ter se fossem mais engajadas, envolvidas e comprometidas com o fazer. Conheço funcionários que se dizem "injustiçados". Conheço subordinados que se dizem "perseguidos". Conheço pessoas que dizem que "não lhes dão oportunidade de crescer...". A minha pergunta é: será que essas pessoas são pessoas de ação? Será que são pessoas que procuram, sob todos os meios possíveis, cumprir as suas obrigações? Não será a maioria dessas pessoas do tipo que vive dando desculpas pelo seu próprio fracasso e, na verdade, não toma nenhuma atitude comprometedora de mudar, de fazer, de comprometer-se? Não serão essas pessoas aquelas que vivem encontrando desculpas para sua própria acomodação?

Gostaria que você pensasse nisso e fizesse esse comentário com seu pessoal. Não será chegado o momento de deixarmos as desculpas de lado e passarmos ao comprometimento total com aquilo que fazemos e com as nossas obrigações de pai, mãe, amigo, amiga, chefe, gerente, diretor, diretora, filho, filha, empregado, empregada, estudante, professor, professora? A vida é curta e não há desculpas para o fracasso. O mundo está aí cheio de oportunidades para aqueles que se comprometem.

Pense nisso.

Cumpra horários e prazos

Nada está mais fora de moda do que chegar atrasado aos compromissos marcados, e nada é mais impeditivo para o sucesso do que não cumprir os prazos prometidos. Fico bobo ao ver como as pessoas ainda têm a cara-de-pau de aparecer com as mais esfarrapadas desculpas quando chegam atrasadas aos compromissos marcados. As desculpas são sempre as mesmas: "Nunca o trânsito esteve tão ruim..." "Voltei para apanhar um papel que achei que seria do seu interesse..." "Meu relógio parou ..." etc. Essas desculpas não pegam mais. Todos nós já sabemos que o trânsito é ruim. O pior é que essas pessoas não são as que chegam de vez em quando atrasadas aos seus compromissos. São as que *sempre* chegam atrasadas. E isso vira um perigoso vício e muitas pessoas não percebem que é bastante prejudicial. Conheço pessoas que têm por "hábito" chegar com meia hora de atraso aos compromissos. É o fim!

O pior ainda é que esse hábito perverso só serve para atrapalhar a vida de todo mundo e do próprio *habitué* que, garanto, nunca fez as contas de quantos dias na vida já perdeu e fez as pessoas perderem, devido aos seus atrasos voluntários.

Não cumprir prazos também é assim. Fico literalmente abismado ao ver como as pessoas não estão nem aí com os prazos que lhes são dados. Parece que não é com elas. Não vejo nenhuma preocupação no cumprimento dos prazos, enquanto este está decorrendo. Na véspera vira aquele desespero! Daí querem fazer tudo do dia para a noite e, é claro, não conseguem. E, novamente, vêm as desculpas mais esfarrapadas do mundo: "Tive tantos afazeres que não tive mesmo condições de fazer essa tarefa..."; "Você não acredita, mas minha vida está uma loucura!"; "Passei as últimas semanas só pensando nisso e não deu tempo..."

Essas pessoas precisam compreender a verdade e a realidade de que esses dois péssimos hábitos as levam ao fracasso. *Ninguém mais confiará nelas. Serão consideradas como "falsas", "promessinhas" e até "mentirosas".* É preciso ter cuidado com isso. Estamos sendo permanentemente avaliados por nossos chefes, companheiros e subordinados. É preciso ter muito cuidado com esses "pequenos vícios" fatais. Gostaria que pensasse nisso. Como está o seu comprometimento com horários e prazos? Será que já não está "viciado" em dar desculpas e não cumpri-los? Como poderá mudar, radicalmente, esse "vício" a partir de hoje?

Pense nisso.

Surpreenda seu cliente

Tive o prazer de participar de uma palestra proferida pelo canadense Mark N. Nesbitt sobre o tema "Gerenciamento de Serviços: novas estratégias para lucrar com o atendimento ao cliente." Ele é um dos mais renomados consultores da América do Norte, tendo como clientes a IBM, General Foods, Citibank e outras grandes empresas.

O que realmente chamou minha atenção foi a pesquisa feita por ele:

"Quando os clientes falam de um serviço realmente bom, ou ruim, prestado por uma empresa, eles falam de coisas que fogem à 'rotina' dessa empresa. Essas lembranças, boas ou ruins, são sempre referentes a alguma coisa de muito especial e surpreendente que a empresa tenha feito para o cliente, de bom, ou de ruim, e não de aspectos rotineiramente bons, ou ruins."

O que Nesbitt quer dizer é que pouco adianta uma empresa ser "rotineiramente perfeita". É preciso que ela *emocione, surpreenda* o cliente com *momentos realmente inusitados e diferenciados de outras empresas*. É desses momentos que o cliente se lembrará e que o fará retornar e tornar-se um formador favorável de opinião com relação à empresa. Da mesma forma é com o "pior serviço".

Assim, diz Nesbitt, muitas empresas fazem tudo *rotineiramente bem* e de repente *surpreendem* o cliente com um tratamento ruim, fora da rotina. Esse tratamento anulará todos os anos *rotineiramente bons* de serviço que a empresa tenha prestado ao seu cliente. Da mesma forma, empresas que são *rotineiramente pobres em serviço* conseguem cativar um cliente quando fazem algo *inusitado e surpreendente* fora da rotina, para ele. O cliente parece "perdoar" todas as mazelas do dia-a-dia e passa a lembrar-se somente do "grande momento" que a empresa lhe ofereceu.

Como é a sua empresa? Ela é apenas *rotineiramente boa*? Ela consegue *surpreender e emocionar* os clientes, de tempos em tempos, para manter acesa a chama positiva em sua memória? O que eu quero sugerir é que você, com sua equipe, programe esses *momentos mágicos* para seus clientes. Apresentem soluções inusitadas para os problemas dos clientes e os surpreendam positivamente.

O homem vai longe depois de estar cansado

É inacreditável como há pessoas que vivem cansadas, reclamam o tempo todo dizendo-se cansadas, esgotadas, esfalfadas, arrebentadas.... Como dizia Lebret: "O homem vai longe depois de estar cansado." Reclamar de cansaço é muitas vezes um vício amargo que vai tomando conta das pessoas que não se apercebem de que estão, na verdade, fazendo um papel ridículo de acharem-se as mais ocupadas do mundo. O dia tem 24 horas para todas as pessoas. Mesmo o mais *workaholic* do trabalho não terá um dia de 26 horas. As pessoas que reclamam muito de estarem ou viverem cansadas, na verdade, não conseguiram priorizar o seu foco. É preciso ter foco para que organizemos o nosso tempo e para que não caiamos num estresse contínuo, que nos fará pensar que somos as pessoas mais ocupadas do mundo e, como consequência, reclamar o tempo todo de um cansaço crônico que não deve existir na vida de uma pessoa normal.

É preciso tomar muito cuidado com esses pequenos vícios de comunicação que nos fazem "reclamões". É preciso considerar que o tanque de combustível do ser humano tem uma reserva com o dobro do combustível do tanque original. É só abrirmos a torneira da "reserva" e encontraremos força necessária para fazer mais, para agir mais, para enfrentar novos desafios, para recomeçar as coisas, para ir além de onde imaginávamos ser o nosso limite máximo de ação.

Pessoas que se dizem "cansadas" começam a ser "poupadas" pelos seus superiores e colegas. Como elas vivem cansadas, nada se deve pedir a elas, pois com certeza não terão a necessária coragem e disposição para fazer. Vão ficando "por fora" das coisas, vão sendo passadas para trás. Vão sendo descartadas.

Por favor, pense nisso. Será que não estamos nos sentindo demasiadamente cansados e reclamando demais de um cansaço que, na verdade, está apenas dentro de nossa cabeça? Cuidado! Lembre-se de que "O homem vai longe depois de estar cansado".

Dê retorno

Numa reunião de avaliação de "performances de sucesso" de funcionários, fiquei impressionado ao ver que notas altas foram dadas àquelas pessoas que têm por hábito dar retorno ao que lhes é pedido, antes mesmo de a tarefa estar completada. Essas pessoas (subordinados, gerentes e diretores) foram muito bem avaliadas à medida que conseguiram tirar a ansiedade de seus superiores ao deixá-los informados do andamento das coisas que estavam fazendo e em que etapa do trabalho se encontravam.

Ficou claro que não estávamos falando de "puxa-sacos" que ficam o tempo todo alardeando o que estão fazendo, mesmo em trabalhos de rotina. Falávamos de pessoas que valorizam a comunicação e que compreendem que a "matéria-prima" mais importante de uma chefia é justamente a informação. Não há nada pior e mais fatal para um chefe, do que estar desinformado do andamento de tarefas importantes de seu setor. Verificamos, também, nessa avaliação, que uma das coisas mais irritantes para um chefe é estar a todo momento perguntando aos seus subordinados como está o andamento de tal projeto, ou tarefa.

Esse hábito de dar retorno é ainda mais fundamental para secretárias, por exemplo. Atitudes como informar: "Aquele fax para a matriz que o senhor pediu, já foi enviado e recebido..."; "Estou tentando a ligação para o diretor fulano. Ele está em reunião e ligarei daqui a dez minutos novamente...", são fundamentais.

Da mesma forma, quando se presta um favor, ou se indica alguém para outra pessoa, é fundamental que a pessoa que recebeu esse favor retorne os resultados, seja para agradecer, ou mesmo para dizer: "Falei com fulano e ele disse..."; "Muito obrigado. Aquela pessoa que você me indicou...".

Dar retorno é um hábito que precisamos incorporar ao nosso dia-a-dia. Faça isso e você sentirá uma grande diferença em seu relacionamento com as outras pessoas, principalmente com seus superiores hierárquicos.

Pense nisso.

Precisa-se de um herói

"Ninguém joga o papel no lixo e, se ninguém joga, não vou ser eu o único herói a jogar", disse-me um funcionário de uma empresa, quando lhe perguntei por que ele não tinha jogado o papel de seu sanduíche no lixo. Temos um problema sério no Brasil. As pessoas têm vergonha de ser "certinhas". As pessoas são levadas pelo meio, pelos colegas e amigos, a fazer as coisas malfeitas, pela metade, com baixo comprometimento. Temos vergonha de ser "heróis" e por isso acabamos vivendo em ambientes cada vez mais degradados e temos cada vez mais serviços de baixíssima qualidade. Parece mesmo que desenvolvemos uma cultura de que "é errado fazer o certo" – vão nos chamar de "puxa-saco, lambe-botas, maçaneta" etc.

Precisa-se de um herói. Estamos precisando de pessoas que façam bem-feito. Que se importem. Que se comprometam com o certo, com o correto. Que tomem para si a responsabilidade de fazer. Que se preocupem com a qualidade do que fazem e também com a qualidade do que os outros estão fazendo.

A atitude de ter vergonha de ser "herói" precisa acabar. Só assim sairemos deste verdadeiro subdesenvolvimento mental que nos tem atacado e feito tão mal a nós mesmos e ao próprio Brasil.

Gostaria que você pensasse nisso. Perca a vergonha de ser "herói" e passe a comprometer-se cada vez mais com a melhoria da qualidade de vida de todos nós.

Não se economize

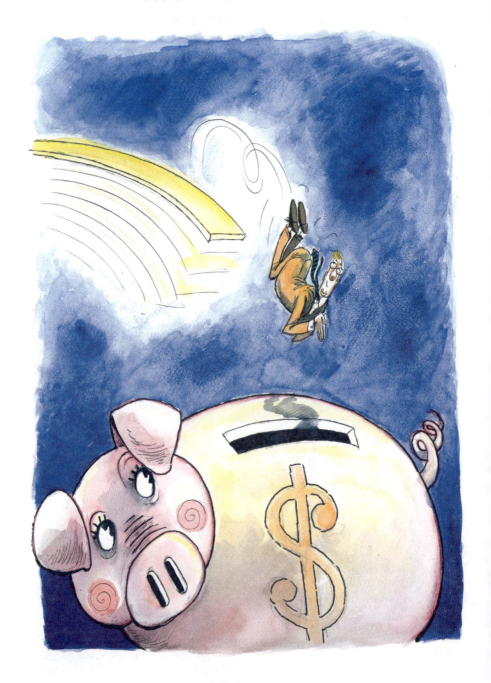

O tempo atual é dos comprometidos com aquilo que fazem. E não importa muito o que façam. Vejo, com pesar, pessoas que literalmente *se economizam* o tempo todo. Parece que não querem se gastar. Parece que não querem se doar àquilo que fazem. Essas pessoas jamais terão sucesso algum. Jamais experimentarão o prazer de serem avaliadas positivamente.

Você conhece funcionários que ficam procurando maneiras de fazer as coisas pelo caminho mais fácil e menos comprometido? Você conhece funcionários que ficam o tempo todo olhando no relógio para ver quando terminará o expediente para irem embora para casa o mais rapidamente possível? Você conhece pessoas que sempre dizem que não têm tempo para nada? Você conhece pessoas que não participam de nada em suas comunidades para não se envolverem em coisas que "dão trabalho"? Você conhece pessoas que só criticam os que fazem alguma coisa dizendo que "ele (ou ela) só quer aparecer"?

Eu conheço muita gente assim. Tenho pena dessa gente.

Conheço, igualmente, pessoas que *se economizam* até com relação à família, à esposa, ao marido e aos filhos. Não passeiam, não vão ao cinema, ao teatro, ficam trancadas dentro de casa...

Quanto mais uma pessoa se *economiza*, mais os outros a *economizarão*, não contando nada a elas, não as envolvendo nas decisões, não perdendo, enfim, tempo com elas. E assim elas vão ficando cada vez mais "por fora", ou alheias a tudo o que acontece e, é lógico, serão logo esquecidas nas promoções, nas oportunidades de crescimento pessoal e profissional.

Gostaria de sugerir que você fizesse uma autoanálise e visse se você, também, não está incorrendo neste grave erro de querer *economizar-se*.

Pense nisso.

Pare de falar mal dos outros

Não há nada mais fora de moda do que falar mal dos outros. É tempo perdido. É um vício que muitas pessoas têm e que só serve para que tudo se volte contra elas próprias. É preciso fazer um esforço de aperfeiçoamento pessoal e parar com isso, de uma vez por todas.

Conheço pessoas que perderam completamente a sua credibilidade de tanto que falaram mal dos outros. Falam mal do patrão, do chefe, dos colegas, dos amigos e – pasmem! –, até da mulher (ou marido) e dos filhos. Da sogra, então, nem se fala. Dos parentes... não preciso nem comentar.

Quando alguém começa a falar mal dos outros para mim, logo fico pensando que em seguida serei eu a pessoa de quem esse alguém falará mal. Assim, não digo nada que seja importante para ela. Não comento nada com ela. Perco totalmente a confiança nessa pessoa. Isso que acontece comigo acontece também com quase todo mundo. Para essas pessoas ninguém é bom, ninguém faz nada certo. Boa, competente, honesta, amiga são somente elas próprias. O restante, ninguém presta...

Outro dia recebi um bom profissional que precisava de emprego. Durante nossa primeira conversa ele falou tão mal de seu ex-patrão e seus ex-colegas de trabalho que imediatamente desisti de contratá-lo. Sei que em seguida serei eu e seus novos colegas os alvos de seu feroz vício de falar mal dos outros. Pessoas assim não merecem confiança. E o pior é que não se apercebem de seu erro e continuam falando.

Nesta semana faça um exame de consciência e analise os seus hábitos (ou vícios) e veja se falar mal dos outros não é também uma coisa que você faz a todo instante. Acabe com isso o mais rapidamente possível. Aumente sua credibilidade. Se não puder falar bem de alguém, não fale mal.

Pense nisso.

Acreditar e pisar fundo!

Não é tempo de titubear. Não é tempo de ficar indeciso por muito tempo. Não é tempo de ser reativo. Não é tempo de pensar negativamente. *É tempo de acreditar. É tempo de fazer. É tempo de ser proativo. Acredite e pise fundo!*

Pior do que uma decisão errada é uma indecisão contínua.

Tenho encontrado pessoas que pensam, pensam, pensam e nunca decidem. E, quando decidem, foi-se a oportunidade. Uma decisão errada, na maioria das vezes, pode ser corrigida. Uma indecisão contínua impede o fazer, impede o crescimento, impede a ação e cria uma enorme desmotivação nas pessoas. É preciso acreditar na própria capacidade de acertar e pisar fundo. É preciso acreditar que as outras pessoas estarão ao nosso lado, mesmo que as evidências demonstrem o contrário. É preciso acreditar que os obstáculos serão sempre vencidos, um a um, e não todos de uma vez. Pensar nos obstáculos como um bloco único só fará desistirmos da ação. Há pessoas que não compreendem isso e veem os problemas todos de uma vez só e então desistem, achando-se incapazes de vencê-los.

Há outras pessoas que acreditam, fazem, mas não pisam fundo, isto é, não se comprometem totalmente. É preciso, além de acreditar, pisar fundo!

Gostaria de sugerir que você parasse e pensasse sobre a sua disposição em acreditar e pisar fundo. Veja se você não é do tipo que desiste diante da gama de problemas que podem acontecer. Veja se você não é do tipo que desiste fácil de uma empreitada difícil. Acredite em você. Acredite na sua capacidade de vencer obstáculos e atingir, cada dia mais, o sucesso que merece.

Pense nisso.

Abaixo o mau humor

Um interessante artigo de uma revista especializada em psicologia dá conta de que uma das características mais comuns de pessoas inteligentes, tanto de Q.I., quanto emocionalmente, é o *bom humor*.

Pessoas mal-humoradas, rabugentas, que vivem "emburradas" (como se diz no interior), são pessoas carentes, emocionalmente inseguras, pobres de espírito. Pessoas com as quais ao se conversar, ou tratar, temos que saber antes como está o seu humor. São pessoas fadadas ao fracasso no relacionamento interpessoal e, portanto, distantes do sucesso que tanto almejam.

Abaixo o mau humor!

Nada, absolutamente nada, justifica o mau humor no trabalho, na família, nas relações sociais. Ele só serve para afastar as pessoas. Chefes mal-humorados distanciam-se de seus subordinados, que com eles não querem falar, não querem comentar nada, evitam falar das coisas sérias do trabalho. Subordinados mal-humorados também são horríveis. Os chefes acabam evitando essas pessoas e a cada dia que passa elas ficam mais distantes de uma promoção, criando um círculo vicioso: mau humor = fracasso = mau humor pelo fracasso.

As pessoas que têm uma tendência para o mau humor devem fazer um esforço adicional para vencê-lo. Pessoas mal-humoradas tratam mal outras pessoas e isso deve ser evitado a qualquer custo. Pessoas mal-humoradas são, via de regra, igualmente "reclamonas"; sentem-se injustiçadas e têm um sentimento de autopiedade que não pode ter lugar nos dias de hoje, em que precisamos ter relações sociais positivas, proativas.

Gostaria que você fizesse uma autoanálise e visse se você, seja chefe ou subordinado, não está "viciado" em ser mal-humorado. Há pessoas que pensam que ser mal-humorado é sinônimo de *seriedade*. Nada mais falso. Lembre-se de que o bom humor é um dos mais visíveis sinônimos de inteligência.

Dez dicas para viver com entusiasmo

110 | SÓ NÃO ERRA **QUEM NÃO FAZ**

O entusiasta, o entusiasmado, é aquele que acredita em si próprio e na sua própria capacidade de transformar a natureza e fazer as coisas acontecerem.

Não precisamos no mundo de hoje de pessoas otimistas. Precisamos de pessoas *entusiasmadas*. Precisamos de pessoas que acreditem mais em si mesmas e em sua capacidade de transformar a natureza dos fatos e fazê-los acontecer de maneira diferente. Não precisamos de pessoas reativas. Precisamos de pessoas proativas, que não aguardem, que não fiquem sentadas esperando para ver o que vai acontecer.

No meu vídeo *O poder do entusiasmo* dou dez dicas para se viver com entusiasmo, que gostaria de repetir aqui. São dicas simples, às vezes simples demais para serem levadas a sério pelas pessoas complicadas. Mas, preste bem atenção a cada uma delas e, acredite, elas formam um conjunto de conselhos práticos que podem mudar a sua vida.

1) Afastar-se de fatos e de pessoas negativas e negadoras. Cuidado com as notícias ruins; afaste-se delas.

2) Aceitar e valorizar os *insights* positivos.

3) Não reclamar e não falar mal dos outros.

4) Cultivar a alegria, o riso, o bom humor.

5) Iluminar mais o seu ambiente de trabalho e a sua casa. A escuridão traz a depressão.

6) Ser alguém sempre pronto a colaborar.

7) Surpreender as pessoas com "momentos mágicos".

8) Fazer tudo com sentimento de perfeição, prestando atenção aos detalhes.

9) Andar bem vestido, limpo e perfumado. Gostar de sua imagem.

10) Agir prontamente.

Pense nestas dicas. Coloque-as em prática.

Do plano do choro ao plano da ação

Tenho ficado impressionado ao ver como as pessoas "choram", reclamam, lamentam, passam o tempo se lamuriando das coisas, das pessoas, de tudo, enfim. Basta encontrar um interlocutor para começarem a reclamar, a "chorar", a dizer: "Não dá mais..."; "Não aguento mais..."; "Do jeito que as coisas vão eu vou acabar morrendo...", etc., etc. Reclamar, "chorar", parece estar virando uma verdadeira praga nos ambientes de trabalho, nas rodas de amigos, nos encontros informais que temos com as pessoas. O salário pequeno; as dores nas costas; a cadeira dura; a dor no estômago; o chefe que não ouve; o cliente que não comprou; o produto que estragou; a coisa que deu errada; o calor que é de matar; o relatório que é chato de fazer; o café que está frio; a chuva que não vem; está chovendo muito; meu filho que não me obedece; minha mulher que fala demais e só briga comigo; meu marido que não me escuta e fica mudo em casa; meu filho que vai mal na escola – é uma ladainha, só que ninguém mais suporta ouvir. Na verdade, me parece que as pessoas ficaram literalmente "viciadas" em reclamar. É preciso dar um basta nesse vício doloroso e fora de moda e passar do *plano do choro* ao *plano da ação*!

Num círculo vicioso de autocomiseração, de sentir dó de si próprias, as pessoas deixam de enxergar as oportunidades, as coisas positivas, e ficam literalmente paralisadas, reativas, enquanto o mundo passa numa velocidade espantosa. Um chefe "chorão" não pode entusiasmar seus subordinados à ação, à decisão rápida, ao desenvolvimento, ao bom atendimento aos clientes. Um subordinado "chorão" não consegue entusiasmar seus chefes para que o promovam, para que o valorizem.

O mundo de hoje é dos proativos. É de quem faz. De quem não espera. De quem consegue enxergar oportunidades onde as outras pessoas só veem crise. O mundo de hoje é de quem transforma a realidade e faz as coisas acontecerem. O mundo de hoje é de quem passa do *plano do choro* ao *plano da ação*.

Gostaria de sugerir que você fizesse uma autoanálise e pensasse se você também não está nesse círculo vicioso de só reclamar e agir pouco para modificar as coisas sobre as quais você reclama. Pergunte-se: "O que tenho feito para mudar as coisas com as quais não concordo e das quais vivo reclamando?"

Pense nisso.

Seja simples

Uma grande regra para se alcançar o sucesso é ser simples. Pessoas complicadas, que falam rebuscadamente, que querem mostrar erudição, que só usam termos técnicos são vistas e consideradas como pessoas inseguras e que "querem aparecer", afastando de si as melhores oportunidades de vencer.

Fico pasmo ao ver, em reuniões e entrevistas, pessoas querendo mostrar "sabedoria" sem necessidade. Fico pasmo ao ver pessoas complicando coisas simples, inventando problemas que não existem, criando caso, quando a solução é simplesmente fazer, agir.

Há técnicos em computação que falam "computacionês"; economistas que falam "economês"; contabilistas que abusam dos seus termos técnicos; pessoal de qualidade que, também, só usa termos técnicos; todos afastam de si outras pessoas consideradas "leigas" e que muitas vezes poderiam ser de grande ajuda nos projetos da empresa.

A verdade é que tudo, absolutamente tudo, pode ser dito em linguagem corrente e coloquial para que todos entendam. O uso de termos técnicos e especializados tem hora certa, local certo e audiência certa. Fazer uso dessa linguagem fora de hora, local e audiência, é pura perda de tempo e falta de sensibilidade e empatia.

Gostaria que você observasse as pessoas que têm o hábito de complicar coisas simples, de falar empolado, e também que observasse a si próprio. Veja se você tem o hábito de "falar difícil", o que demonstra insegurança e arrogância. Cuidado! Seja simples!

Pense nisso.

Viver é arriscar sempre

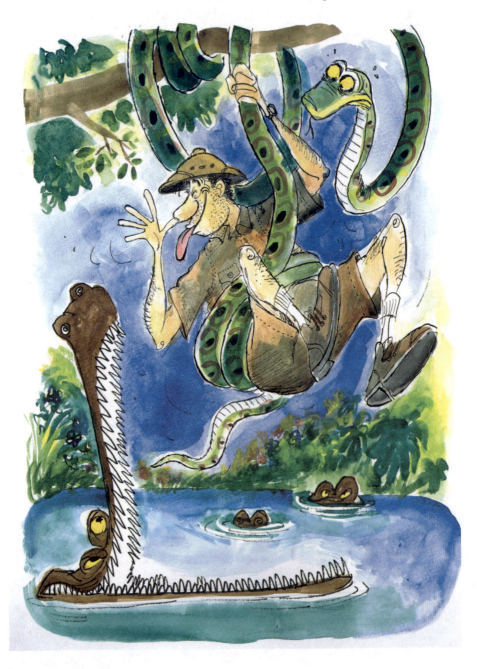

116 | SÓ NÃO ERRA **QUEM NÃO FAZ**

Aqui vai um texto que me foi enviado por um assinante da *Usiminas*: "Em geral as pessoas morrem em torno dos 30 anos e são sepultadas por volta dos setenta. Levam quarenta anos para os outros perceberem que aquela pessoa está morta. Lembre-se: a vida é sempre uma incerteza. Somente o que é morto é certo, fixo, sólido. Tudo o que está vivo muda sempre e se movimenta, é fluido, flexível, capaz de se mover em qualquer direção.

"Quanto mais você se torna inflexível, mais está perdendo a vida. Viver é arriscado. Morrer é que não tem nenhum risco. Viver é sempre perigoso. Viver significa conviver com o desconhecido. Morrer é muito, muito mais seguro. Não há lugar mais seguro que um túmulo. Nenhum acidente pode acontecer a quem está morto.

"Deseje a insegurança, pois isso é desejar a vida. Busque a insegurança e a mudança. Procure os caminhos ainda não trilhados e navegue por mares ainda não navegados, porque esse é o caminho da vida.

"O crescimento é sempre um jogo arriscado. Às vezes, a pessoa tem que perder aquilo que conhece em troca de algo que ainda não conhece.

"Na vida real não há segurança total. Exceto a certeza da morte. E esta é a beleza da vida. É por isso que há tanta emoção.

"O sucesso na vida só é alcançado por um alto preço. O risco é o preço. Pague esse preço."

Veja se você não está buscando, demasiadamente, uma segurança total na vida que só a morte é capaz de proporcionar. Lembre-se de que viver é arriscar.

Pense nisso.

Cuidado com o "ativismo"

O "ativismo" é a doença do século. Significa fazer, fazer, fazer, sem a necessária reflexão para saber se o que se está fazendo é realmente o que deveria ser feito. Vejo muitos executivos, diretores, gerentes, supervisores, chefes e mesmo funcionários e pessoas em geral que passam seus dias em grande atividade, porém, essa atividade é pouco eficaz, ou efetiva. Traz pouco resultado. Quando chegam ao final do dia, têm o cansaço de quem "trabalhou" demais, mas têm, também, a sensação de que nada ou pouco fizeram de real importância para os seus objetivos pessoais, ou os objetivos de seu negócio.

A pessoa "hiperativa" é um ser infeliz. Não tem claras as prioridades de sua frenética ação. Ela não consegue concentrar-se no que faz. Não presta atenção às pessoas. O seu trabalho tem baixa qualidade. A sua produtividade real é quase nula. Essas pessoas quase sempre sentem-se injustiçadas, pois acreditam que trabalham muito, até demais. Mas como sua produtividade é baixa e não têm quase nenhum "foco" no que fazem, as demais pessoas não lhes reconhecem mérito algum. A vida transforma-se num verdadeiro inferno.

O ser humano precisa de momentos de reflexão. É preciso saber parar para pensar. É preciso pensar sobre seus objetivos, suas metas pessoais e profissionais. Nenhum ciclista é capaz de pedalar com entusiasmo, sem saber para onde deseja ir. É preciso ter método de desenvolvimento intelectual e mesmo espiritual. É preciso dar-se um tempo de concentração e reflexão sobre o que se deseja da vida, do emprego, da família, da vida em sociedade etc. para não se cair no perigoso "ativismo" de que estamos falando. São inúmeros os apelos e as tentações que o mundo de hoje oferece ao homem moderno. Para vencer, para termos sucesso, é preciso que "tenhamos foco" e que nos concentremos nas atividades que mais nos levam em direção aos nossos objetivos, claramente definidos. Viver, hoje, é saber optar. Para que possamos optar, é preciso que façamos aquilo que só o ser humano é capaz de fazer: pensar, refletir, decidir, perseverar.

Gostaria que você parasse um pouco para pensar. Pense na sua vida, em tudo o que você vem fazendo: em seus objetivos pessoais e profissionais; em seus pontos fortes e em suas fragilidades, e decida-se a ter "foco" e a deixar de lado o perigoso ativismo.

Pense nisso.

Durma com lápis e papel ao lado da cama

Temos boas ideias em três momentos: começando a dormir, dirigindo automóvel e no banheiro... A razão é que o nosso consciente está "adormecido", ou "ocupado", com outras coisas e o nosso subconsciente, liberado, joga para cima ideias que estavam sendo amadurecidas durante muito tempo. Não desperdice esses momentos! Lembre-se de que quando você tem uma ideia boa, essa mesma ideia, com certeza, terá ocorrido em mil outras mentes ao mesmo tempo. Vencerá quem implementar primeiro.

Assim, o conselho é: durma com lápis e papel ao lado da cama. E quando aquela ideia brilhante lhe vier à mente, levante, escreva, faça os planos e, logo cedo, no dia seguinte, implemente-a!

Empresários de sucesso, cientistas e professores universitários fazem isso. Quando têm uma boa ideia à noite levantam, vão para o computador, ou máquina de escrever, ou sentam-se à mesa e escrevem suas ideias para não perderem esse verdadeiro momento mágico do subconsciente. Se você tentar dormir e esperar o dia seguinte, a ideia não mais lhe parecerá a mesma. Ela terá diminuído de importância, você terá perdido a coragem e as tarefas da manhã roubarão a força daquela ideia, ou daquele projeto. As pessoas de sucesso sempre dizem: "Esta noite tive uma 'bendita' insônia" e, nesses momentos, fazem os projetos de maior sucesso em suas vidas!

Gostaria de sugerir que você também passasse a valorizar esses momentos. Durma com lápis e papel ao lado de sua cama. E, quando você for acordado com aquela ideia aparentemente louca e inusitada, acredite nela. Levante. Escreva. Não estrague esses ricos momentos tentando dormir. Você tem toda a vida para dormir e uma ideia boa ocorre nas horas em que menos esperamos.

Acredite!

Sinta coragem e avance

"Quando se depara com algo novo e desconhecido, o homem tende a amedrontar-se ou sentir-se inseguro. Procure encarar tais fatos como chances para aumentar sua capacidade de autoexpressão e enfrente-os com coragem."

O desconhecido sempre nos traz medo e insegurança. Mas, temos que olhar o novo como uma oportunidade de medir nossa capacidade de vencer obstáculos, de criar, de inovar. Há pessoas que ficam paralisadas, estagnadas diante da uma situação nova. E é justamente nessas situações que é preciso AGIR, e agir rapidamente. As empresas estão sentindo um aumento da competição. A concorrência vem sendo cada dia mais acirrada. O ambiente todo está mudando. É o desconhecido que chega. São produtos importados. São novas formas de vender, de comprar, de fabricar, de atender clientes. Os clientes são mais exigentes. Tudo, enfim, parece novo. O que fazer?

"Sinta coragem e avance", dizem os especialistas em mudança. Não fique parado. Não se deixe estagnar. Enfrente. Hoje não é o maior quem vai vencer o menor e, sim, o mais rápido quem vencerá o mais lento, e quanto mais rápido você for na sua capacidade de adaptar-se às mudanças, maiores serão suas oportunidades de vencer.

Portanto, crie coisas novas na sua empresa. Crie situações novas. Traga os clientes para dentro da sua empresa e ouça o que eles têm a lhe dizer. Mas, faça isso de verdade! Convide clientes, visite-os em suas casas, agradeça a sua preferência, pergunte como você pode mudar; como sua empresa pode ser melhor, mais dinâmica, como pode atendê-lo melhor em suas necessidades reais e concretas. Inove a cada dia na prestação de serviço, na forma de receber clientes, na forma de atendê-los, na maneira de servi-los. "Sinta coragem e avance" em direção ao sucesso, promovendo mudanças significativas na sua empresa, mudando tudo antes que a concorrência mude, lançando novos produtos e novas formas de servir, antes que a concorrência o faça. Acredite em você, na sua equipe, nas sugestões de seu pessoal. "Sinta coragem e avance!"

Pense nisso.

Cuidado com os "sugadores de energia"

Parece mentira, mas há pessoas que parecem "sugar" energia da gente! Outro dia eu estava muito bem, alegre e satisfeito. Encontrei-me no shopping com um amigo e em meia hora de conversa ele me deixou um verdadeiro "trapo", deprimido, triste.

Fiquei pensando no que aconteceu e logo percebi que aquela conversa horrível do "amigo" (sic) falando só de doenças, roubos, estupros, filhos de amigos que haviam caído no vício, desemprego, falta de dinheiro etc. acabou roubando minha energia positiva! Quando acabou a conversa ele parecia estar melhor do que nunca e eu... em profunda depressão.

Cuidado com esses "sugadores de energia positiva". Eles estão em todo lugar: na empresa, na família, na roda de amigos. Só sabem falar de desgraças. Só leem o obituário dos jornais e a seção de crimes horrendos. Gravam em vídeo o noticiário policial. Fazem estatísticas e sabem de cor quantos sequestros ainda não foram desvendados, quantas crianças continuam desaparecidas, quantos sem-teto, sem-terra, sem-emprego, sem-tudo existem no mundo! Livre-se dessas pessoas!

Mesmo que seja um grande "amigo" (sic), não tenha piedade dele, pois ele, por certo, não tem dó de você. Esse é o tipo de pessoa a quem, quando se propõe um piquenique, ela logo diz: "Vai chover!". São pessoas assim que azedam baldes de sal-de-fruta. São funcionários que não acreditam em programas de qualidade e produtividade, em comemorações, em promoções especiais e qualquer outra coisa que a empresa faça com a intenção de mudar, crescer, expandir horizontes. Elas são sempre "do contra". Avisam que "não vai dar certo" e torcem para que nada aconteça. Depois dizem: "Eu sabia que não ia dar certo..."

Meu conselho é: livre-se dessas pessoas! Esses "sugadores de energia" vivem da energia alheia e hoje não dá para viver e trabalhar com alguém "puxando você pra baixo" o tempo todo.

Pense nisso.

Desconfie das coisas muito fáceis

Quando uma coisa para você, ou para os outros, parecer fácil demais, desconfie. Não há vitória sem esforço, sem dedicação, sem comprometimento, sem entusiasmo.

Às vezes, ouvimos histórias tão encantadoras de coisas que foram conseguidas com tanta facilidade, que ficamos pensando: "Será que as coisas só são difíceis para mim, ou para minha empresa? Tudo o que consegui foi com muito esforço e para os outros as coisas parecem ser tão simples e fáceis..."

Quando você tiver essa sensação, desconfie das histórias que lhe contaram. Nada é tão fácil para ser conseguido. O sucesso demanda muita dedicação, afinco, perseverança e, sobretudo, tempo e paciência.

A maioria das pessoas de sucesso lutou e luta muito para conseguir o sucesso que tem hoje. Erraram muitas vezes, não desistiram, persistiram, tiveram uma dedicação superior à causa em que acreditavam. Leia as biografias das grandes personalidades do mundo e veja que para elas as coisas nunca foram tão fáceis.

Lembre-se de que nada é impossível. Mas, lembre-se, também, de que nada cai do céu sem a sua participação efetiva e seu comprometimento. Os teólogos dizem que até a oração pedindo alguma graça, tem que ser feita com um "sentimento especial de compromisso".

Gostaria que você pensasse sobre este tema das coisas muito fáceis. Será que nós não ficamos esperando que as coisas nos aconteçam muito facilmente? Temos nos dedicado integralmente às coisas que realmente desejamos? Fazemos a nossa parte, isto é, cuidamos dos detalhes, nos envolvemos, vamos em busca das coisas certas que precisam ser feitas?

Pense nisso.

Antes de falar, ligue o cérebro

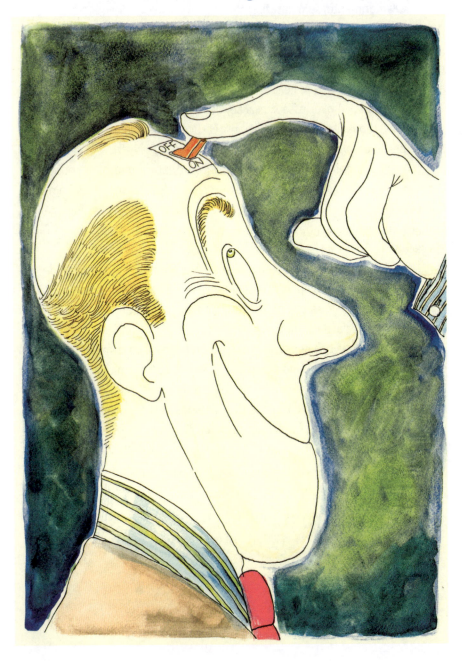

Não sou neopositivista. Os neopositivistas acham que você não deve sequer pensar sobre aquilo que você não entende. Mas, confesso que tenho ficado impressionado com pessoas que falam, pontificam, dogmatizam sobre coisas que não entendem. Falam com a "segurança" que só a ignorância pode dar.

Outro dia estava numa roda de amigos, com vários médicos presentes, e os que não eram médicos falavam de temas médicos como hipertensão arterial e outros com tal desenvoltura e sapiência, que deixaram os médicos enlouquecidos com tanta barbaridade que diziam. Vejo pessoas falando de antropologia, sociologia, mercado, contabilidade, direito, economia, mecânica, engenharia etc. sem terem a mínima noção do ridículo em que estão incorrendo. Antes de falar é preciso "ligar o cérebro" e perceber a realidade de que não somos obrigados a entender de tudo e que há assuntos que exigem um mínimo de especialidade, ou conhecimento. Pessoas que falam a torto e a direito sobre o que não entendem, são vistas como "corajosamente ignorantes" e passam uma péssima imagem.

É preciso que tenhamos a coragem de dizer "eu não sei" quando o assunto foge de nossa especialidade, ou conhecimento. E quando estamos com pessoas que realmente entendem de algum tema que desconhecemos, devemos ter a humildade de "ouvir" e "aprender", em vez de falar.

Gostaria de sugerir que fizéssemos um exame de consciência e víssemos se nós também não estamos incorrendo nesse erro de falar sobre o que não entendemos com a coragem dos ignorantes.

Pense nisso.

Elogie

130 | SÓ NÃO ERRA QUEM NÃO FAZ

Hoje em dia parece que os chefes estão tão ocupados e estressados com a carga de trabalho, que se esquecem de fazer um simples elogio. Não elogiando, perdem considerável capacidade de motivar seus subordinados e sua equipe.

Adam Smith, pensador e propulsor do livre mercado no século XVIII, afirmava que "boa parte do progresso humano se deve aos esforços independentes de indivíduos e empresas", mostrando que já captava a importância dos incentivos e de como as pessoas são motivadas.

É primordial o superior dedicar-se a orientar os funcionários com maior frequência, lançando mão de cartas, bilhetes ou elogios verbais no dia-a-dia, em reuniões setoriais ou mesmo informais. *O importante é não deixar passar nenhuma oportunidade de elogiar.* Como é necessário corrigir o erro no momento ocorrido, é da mesma forma importante não deixar para depois o reconhecimento por um bom trabalho; deve-se fazê-lo de imediato.

Um elogio motiva a pessoa a lutar por outro elogio; depois por outro, e assim vai.

Pense: como você se sente quando seu chefe ignora completamente aquele trabalho tão suado? Você espera, no mínimo, um elogio. Então, agora pense nos seus subordinados. Eles esperam o mesmo de você!

O elogio – ou a falta dele – mexe com a autoestima de qualquer um. Pode provocar efeitos extremamente positivos, assim como a falta, ou uma política de elogios mal desenvolvida, pode provocar efeitos negativos e desastrosos.

Gostaria que você pensasse sobre este tema: você tem o hábito de elogiar? Elogiar seus subordinados, seus superiores, seus colegas, seus filhos, seu marido, sua esposa, faz uma enorme diferença no desenvolvimento e no relacionamento profissional e pessoal.

Pense nisso.

Pare de ter dó de si mesmo

Pode parecer incrível, mas tenho encontrado pessoas com um dos problemas mais graves que vejo nos dias atuais: *elas têm dó de si mesmas!* Ficam o tempo todo olhando para as próprias mazelas, para o pouco que ganham, para o muito que dizem trabalhar, para a pouca consideração que as outras pessoas têm com ela, para o descaso dos outros com os seus problemas etc. Vivem reclamando e com um sentimento de autopiedade que mais parece uma verdadeira doença.

Essas pessoas, em vez de trabalharem ativamente para seu crescimento e desenvolvimento, ficam olhando para o sucesso alheio, para a alegria e "sorte" alheias, para o dinheiro que os outros têm... E, quanto mais olham para o sucesso alheio, mais têm dó de si próprias. Acham-se rejeitadas pelo mundo, sem sorte. E, quanto mais têm dó de si mesmas, mais se afastam do caminho do sucesso, mais se distanciam de uma atitude saudável de fazer, realizar, empreender, acreditar em si.

Essas pessoas não compreendem que o sucesso ocorre para os que "fazem o sucesso ocorrer" com tenacidade, persistência, ação e principalmente com uma grande fé e crença no seu próprio valor como seres humanos. Essas pessoas vivem se "economizando", pois acham-se sempre "exploradas" em seus empregos. Só pensam em tirar férias. E quando chega o tempo de férias, reclamam que não têm dinheiro para viajar e se divertir como gostariam. Ficam sempre olhando o que não conseguem, o que não possuem, o que não lhes é dado e nas oportunidades que nunca aparecem...

Gostaria que você fizesse uma autoanálise e visse se você também não caiu nessa verdadeira armadilha de ter dó de si mesmo, que observasse se você não é do time que acha que tudo de bom acontece só para os outros, dizendo-se o eterno "injustiçado", "explorado". Não viva como um coitado. Assuma! Faça! Erre! Comprometa-se com o próprio sucesso e verá que você não é uma pessoa digna de dó, ou piedade. O que você precisa é acordar desse seu marasmo de autopiedade e agir!

Pense nisso.

Olhe para a frente

134 | SÓ NÃO ERRA **QUEM NÃO FAZ**

Conheço pessoas que vivem do passado. Ficam alimentando lembranças de um passado que, segundo elas, era sempre melhor do que o presente. Curtem o passado. Tudo no passado era melhor.

Os produtos melhores; os funcionários mais dedicados; os clientes mais fiéis; as pessoas mais educadas etc.

Viver do passado pode ser um perigoso vício. Olhando pelo retrovisor, não consigo prestar atenção a não ser no caminho que já passou. Olhando pelo retrovisor, corro o risco de bater de frente com o futuro. Olhando pelo retrovisor, perco a chance de admirar e ver as oportunidades do caminho à minha frente.

Cuidado!

Conheço empresas e empresários que vivem do passado, imaginando e torcendo para que ele volte. Tempos em que a competição era menor, menos acirrada. Tempos em que competíamos internamente somente com as empresas do Brasil. Tempos em que nossas margens de comercialização eram muito maiores do que são hoje. Tempos em que o poder estava nas mãos da empresa e não nas mãos dos clientes, como hoje. Tempos em que chefiar era "mandar" e todos obedeciam cegamente às ordens sem questionar...

O mundo mudou. O Brasil mudou. O cliente mudou. E é preciso acreditar que essa mudança não tem volta. O "poder" realmente mudou das mãos da empresa para as mãos do cliente. As margens caíram e talvez caiam ainda mais. Estamos competindo com empresas e produtos do mundo inteiro, e mesmo com os chamados *dumping* social" da China. Viver do passado é perder um precioso tempo e preciosa energia que deveriam ser canalizados para a conquista de novos mercados. Viver do passado é desperdiçar a inteligência que deveria ser canalizada para surpreender nossos clientes e transformá-los em nossos "vendedores" ativos. Viver do passado é, enfim, pura perda de tempo e energia!

Cuidado!

Gostaria de sugerir que você fizesse uma autoanálise e visse se você, ou mesmo sua empresa, não estão caindo nessa perigosa armadilha, que é viver do passado. Lembre-se de que o passado passou. É preciso viver o presente e construir o futuro!

Pense grande

Tenho o hábito de ler biografias de grandes personalidades, sejam elas políticos, cientistas, religiosos, empresários, esportistas. Acredito que lendo biografias podemos aprender a razão do sucesso das pessoas. Tenho, igualmente, o hábito de conversar com pessoas de sucesso, perguntando a elas qual a razão de terem vencido os desafios da vida.

Em todas as biografias e em todas as conversas tenho encontrado um traço comum entre essas pessoas: *elas sempre se recusaram a pensar pequeno*. Elas, na verdade, pensam grande! Elas se recusam a se enxergar como fracassadas. Sempre têm uma visão positiva dos acontecimentos. Conseguem encontrar, nas crises, as oportunidades. Elas acreditam nas pessoas. Acreditam nas possibilidades, por mínimas que aparentemente sejam. Elas têm bom humor e sabem rir de si próprias e dos seus erros.

Diferentemente dos fracassados, que pensam pequeno, que só conseguem enxergar a desgraça e o perigo, as pessoas de sucesso parecem ter um verdadeiro entusiasmo pela vida. Elas procuram muito mais *gostar do que fazem* do que viver preocupadas em *fazer o que gostam*. Elas são proativas em vez de reativas. Elas vão à frente do seu tempo, acreditando, fazendo e transformando a realidade, por mais adversas que sejam as evidências. Enquanto os fracassados esperam, elas agem. Enquanto os fracassados se desesperam, elas acreditam ainda mais.

Gostaria de sugerir que você também adquirisse o hábito de ler biografias de pessoas de sucesso. Você verá que essas pessoas não são sucesso por acaso. Elas criaram o seu próprio sucesso com base em uma visão grande do mundo, da vida, de suas profissões. Elas se recusaram a aceitar o fracasso e a pensar pequeno. Após ler essas biografias, faça um exame de consciência e veja como você pensa.

Pense grande!

Cuide-se!

138 | SÓ NÃO ERRA **QUEM NÃO FAZ**

Parece incrível, mas ainda temos de falar em "segurança no trabalho" como se fosse uma coisa nova. Parece incrível que haja pessoas que ainda não perceberam a importância da segurança para si próprias.

E parece incrível que haja empresas que ainda são desleixadas nesse setor, não obrigando seus funcionários a seguir as normas de segurança.

O Brasil é um dos países campeões em acidentes no trabalho. Por quê? Será que nós temos uma autoestima tão baixa que não valorizamos nossas vidas? Será que somos tão ignorantes que não percebemos os riscos que corremos ao desrespeitar as normas de segurança no trabalho? Por que não usamos os equipamentos de proteção individual? Por que não lemos as instruções *antes* de iniciarmos um trabalho com um equipamento novo? Por que caçoamos das pessoas e colegas que fazem as coisas certas?

Na verdade, o que ocorre conosco não é falta de inteligência. É falta de vontade. Todos sabemos que temos que usar os equipamentos de proteção. Todos sabemos que temos de ler os manuais. O que ocorre é que somos fracos de vontade e simplesmente não usamos e não lemos... Essa falta de domínio da própria vontade, faz com que corramos riscos desnecessariamente, faz com que passemos por ignorantes perante o mundo todo e perante nós próprios. Todos estamos cansados de saber que o uso de cinto de segurança, por exemplo, é fundamentalmente importante para preservar a nossa vida. Por que não usamos?

Gostaria que você parasse e pensasse um pouco em você, na sua família, nos seus filhos e na importância do uso correto e constante dos equipamentos de segurança no trabalho. Não dê bola para aqueles "espertos" que não usam e que se acham "super-homens". Cuide-se!

Pense nisso.

Arrisque a saída heroica

Às vezes, estamos prestes a tomar decisões em nossas vidas e em nossa empresa, que exigem de nós uma coragem extra. Exigem uma saída heroica. Exigem que quebremos e acabemos com o medo que nos leva à mesmice de tomar decisões tímidas e esperadas.

O mundo de hoje não tem precedentes. O passado já não nos ensina muito. O medo e a timidez no processo de tomada de decisões poderão ser fatais ao nosso sucesso. Esperar que o tempo resolva nossos objetivos, pode piorar e agravar sensivelmente o nosso problema.

É preciso que tenhamos a coragem de arriscar a saída heroica! É claro que sentiremos um "frio na barriga". É claro que não teremos todas as certezas. É claro que será arriscado. É claro que seremos criticados. Mas, a verdade é que, às vezes, a solução está em nossa coragem de arriscar a saída heroica, aquela que parece ser a menos convencional, a menos comum, aquela decisão que, talvez, poucos tivessem a coragem de tomar.

Uma grande obra é sempre aos olhos do mundo uma imprudência e, num mundo onde os paradigmas mudam a cada dia, é preciso que tenhamos a coragem de inovar, propor e arriscar a saída heroica.

Gostaria que você pensasse sobre isso. Será que não somos, ou estamos, "convencionais" demais? Estamos inovando, propondo, arriscando a saída heroica para tirar nossa empresa do marasmo, da mesmice? Estamos arriscando a saída heroica para conquistar novos mercados, novos clientes, novos fornecedores, novos produtos, novas formas de financiamento? Estamos conscientes de que no mundo de hoje ninguém terá o direito de ser medíocre, de pensar pequeno, de fazer pequeno, de querer pequeno? Arrisque a saída heroica!

Pense nisso.

Vença suas fraquezas

Todos nós temos pontos fortes e pontos frágeis. Uma das maneiras mais corretas de nos aperfeiçoar é prestando atenção em nossos pontos fortes para reforçá-los. Reforçando nossos pontos fortes iremos trabalhar proativamente para melhorá-los ainda mais e sermos reconhecidos pelas nossas fortalezas. Não podemos, porém, nos esquecer de trabalhar nossas fragilidades para torná-las tão frágeis que desapareçam de vez, transformando-as em pontos fortes.

Para isso, a primeira tarefa é o famoso "Conhece-te a ti mesmo". É fazermos uma autoanálise sincera, sem censura, do que temos que melhorar e fazer um verdadeiro "programa" em busca dessa melhoria. Um dos exercícios mais produtivos que conheço (e que faço) é de todos os domingos, à noite, reservar dez minutos do tempo para fazer um exame de consciência e definir, para a semana que se inicia, onde devo colocar meu esforço principal para obter melhorias.

E todas as noites reservo outros dez minutos para outra autoanálise a fim de verificar se cumpri o que prometi no "programa" no dia que está terminando, fazendo novo comprometimento para o dia seguinte.

A verdade é que, sem esforço pessoal, comprometimento e método, jamais nos aperfeiçoaremos. Se deixarmos nossos pontos frágeis à mercê deles próprios, eles somente crescerão. É preciso que trabalhemos esses pontos para eliminá-los. Tendo método e esforço, você verá que as fragilidades tenderão a desaparecer com muita rapidez. Mas, é preciso trabalhar sobre cada um desses pontos incessantemente, até que desapareçam de vez, através da incorporação de novos hábitos.

Comece a fazer esse esforço e você e os outros com quem convive perceberão logo as mudanças em seu comportamento e atitudes.

Pense nisso. Faça isso.

Cuide da sua imagem

Um dos fatores cada vez mais importantes para o sucesso empresarial – e mesmo pessoal – é a imagem que as outras pessoas e sua comunidade fazem de sua empresa e de você como profissional. Numa pesquisa feita há algum tempo pela Universidade de Harvard, foi detectado que as empresas e mesmo os profissionais que não cuidam de sua imagem, são realmente malvistos pelos clientes e pelo mercado. E isso tem reais consequências no mundo dos negócios. Empresas que ficam fechadas em si mesmas, que não participam da comunidade na qual estão inseridas, profissionais que se negam a participar dos esforços coletivos dentro e fora da empresa, são a cada dia mais malvistos.

Quantos convites você e sua empresa receberam para participar de palestras, seminários, coquetéis etc.? A quantos você vai? A quantos convites você responde, agradece? Você participa da sua associação de classe, da sua Federação? Você participa de clubes de serviço, de associações beneficentes? Ou você acha tudo isso besteira e que quem participa quer somente "aparecer"? A boa imagem do executivo, do empresário, da própria empresa depende desse tipo de participação. É preciso participar. É preciso comparecer. É preciso estar sempre atuante na sociedade e na comunidade nas quais vivemos. Isso faz parte de nossa missão como executivos e empresários. Não é à toa que empresas importantes patrocinam eventos culturais, desportivos e beneficentes. Esse tipo de relações públicas mostra uma imagem agradável, menos predatória, mais amiga, da empresa. E isso tem importância fundamental na hora em que o cliente opta por uma empresa para fazer seus negócios. Por isso, grandes empresários de sucesso são vistos prestigiando peças teatrais, ou eventos importantes de sua comunidade. Eles não fazem isso só porque não tinham o que fazer naquele dia. Eles comparecem porque sabem da importância da imagem de sua empresa e de sua própria imagem para o sucesso de seus negócios.

Gostaria de pedir a você que, em primeiro lugar, perdesse a vergonha de participar de sua comunidade. Vá! Esteja presente! Compareça! Quando não puder atender a um convite pessoal, mande um representante de sua empresa. Não deixe um convite sequer sem resposta, ou agradecimento. Não tenha medo de que, fazendo isso, as pessoas e instituições passarão a lhe pedir dinheiro, benefícios etc.

Pense nisso.

Esfrie a cabeça

O excesso de preocupação é fatal para o sucesso! Pessoas excessivamente preocupadas – cabeças-quentes, como dizemos – não têm a necessária tranquilidade para observar, analisar e decidir com rapidez e acerto.

A preocupação excessiva impede o raciocínio, bloqueia a visão e nos faz até surdos para o lado positivo das coisas e da realidade. A pessoa preocupada demais perde as oportunidades de agir positivamente e não consegue enxergar as verdadeiras chances de se desenvolver.

Conheço pessoas que criam verdadeiros monstros em suas imaginações. Tudo é perigoso! Tudo é problemático! Tudo é impossível! Todas as pessoas são más! Ninguém presta! E assim por diante. Essas pessoas são sofredoras e tornam a convivência um pesado fardo, quase insuportável, porque vivem "pré-ocupadas" com o perigo, com a desgraça, com o impossível. Elas não encontram tempo, nem sequer energia para aprender, fazer, acreditar e vencer. São pessoas tristes, embotadas, azedas. Conheço crianças que são verdadeiras vítimas de mães e pais excessivamente preocupados. São crianças medrosas, tímidas, que não desenvolvem a necessária autoconfiança para vencer os desafios do mundo moderno.

A preocupação excessiva impede que as coisas deem certo. É tanta energia negativa sobre aquela pessoa, evento ou fato, que a própria descrença se incumbirá de fazer tudo dar errado.

Não seremos nós, também, excessivamente preocupados? Será que nosso excesso de preocupação não está prejudicando nosso desenvolvimento pessoal e profissional?

Pense nisso. Esfrie a cabeça!

Faça seu cliente "ganhar tempo"

Bill Gates, o homem mais rico do mundo, não pode comprar um segundo de tempo do seu mais humilde funcionário. Bill Clinton, ex-presidente dos Estados Unidos, não pôde "tomar emprestado" cinco minutos de seu motorista para aumentar o seu dia. Essa é a chamada inexorabilidade do tempo! Todos temos as mesmas 24 horas num dia, ou 1.440 minutos, ou 86.400 segundos. Assim, nessa época em que estamos vivendo, "tempo" acaba sendo o maior patrimônio de uma pessoa. Quem fizer mais e melhor em menos tempo, vencerá!

E acredite: a empresa que fizer seu cliente "ganhar tempo" terá a sua preferência!

Temos feito várias pesquisas nesta área. Qual vendedor (dos que estão na sala de espera) é chamado a entrar primeiro por um comprador, numa empresa? Sem dúvida, aquele que faz o comprador "ganhar tempo". Aquele que já vem com uma análise do giro de estoque do cliente, que já analisou suas últimas compras e que apresenta um pré-pedido pronto. O que uma dona de casa prefere? Um supermercado que tenha todos os produtos possíveis e imagináveis em suas gôndolas, mas onde ela demora 45 minutos para passar no caixa, ou aquele outro que tem 50% a menos de produtos – e que a obrigará a fazer substituições em suas preferências –, mas cujo caixa demora apenas cinco minutos para atendê-la? De acordo com as mulheres consultadas, sem dúvida, o segundo; isto é, aquele de onde você consegue sair rapidamente. E, – pasmem! – as mulheres consultadas têm dito que, para ganhar tempo, estariam dispostas até a pagar mais no total da compra. "Tempo" é realmente um novo "valor" que precisa ser totalmente compreendido pelas empresas.

A verdade é que ninguém aguenta mais perder tempo com aquilo que não seja de sua preferência pessoal.

Temos feito nas empresas exercícios interessantes que levam os funcionários a detectarem formas criativas de fazer com que os clientes "ganhem tempo" – 5, 10, 15 minutos, horas e talvez dias – no relacionamento com a empresa. É incrível o número de sugestões que aparece para que o cliente "ganhe tempo" e, com isso, se disponha a pagar um preço *premium* (maior) pelos nossos produtos ou serviços.

Pense nisso. Faça seu cliente ganhar com você o que para ele é hoje mais valioso: *tempo*!

Mudar. A hora é agora!

Agora é a hora de mudar. Mudar, ou morrer! *Agora* é a hora de investir em nossas capacidades pessoais e profissionais. *Agora* é a hora de investir em nosso negócio. *Agora* é a hora de acreditar nos programas de qualidade. *Agora* é a hora de buscar fortemente o aumento da produtividade. *Agora* é a hora de trabalhar fortemente na redução de custos. *Agora* é a hora de capacitar nossos funcionários para a mudança. *Agora* é a hora de reaprender a pensar. *Agora* é a hora de reaprender a aprender.

As pessoas precisam ter hoje um "senso de urgência" para a mudança. Num mundo espantosamente dinâmico, a adaptação a esse processo de mudança será, cada vez mais, uma questão de sobrevivência e não de "moda" ou "oportunidade". O difícil, no entanto, é responder à pergunta: mudar o quê?

A primeira mudança que temos de incorporar, é o nosso modo de ver a própria mudança. Temos de perder a ansiedade de mudar. Temos de compreender que a única certeza estável é de que tudo vai mudar e, com isso, devemos acabar com as nossas resistências demasiadas às mudanças. É natural que resistamos à mudança. Porém, quando essa resistência é grande, por certo estaremos prejudicando a nós mesmos e a nossa empresa. E essa luta é inglória, pois a nossa resistência é mais forte do que a necessidade da mudança. O que acontecerá é que apenas adiaremos a nossa própria mudança, criando resistência.

O "senso de urgência" é a segunda consciência que temos de ter nos dias de hoje. Não será o maior que vencerá o menor e sim, o mais ágil que vencerá o mais lento. Não há o que esperar. As empresas de sucesso estão "canibalizando" seus próprios produtos e lançando outros, para não permitir que seus concorrentes as destruam no mercado. Estão lançando outros produtos num ciclo veloz como nunca. Preste atenção e verá.

Pense nisso.

Não desista

152 | SÓ NÃO ERRA **QUEM NÃO FAZ**

Há pessoas que ficam paralisadas diante de um erro, ou fracasso. O que precisamos entender é que nunca podemos avaliar um erro, no momento em que ele ocorre, como um fracasso definitivo. Muitas vezes, o que aparentemente foi um fracasso, poderá ser exatamente a razão de um sucesso posterior. Poderemos, no mínimo, aprender com esse erro e não cometer mais um semelhante, no futuro. Isso já é possível! Fazer novamente, começar de novo, tentar várias vezes — atitudes fundamentais para o sucesso!

Analise as pessoas que venceram na vida, seja na vida empresarial, seja na carreira universitária, seja em qualquer campo. Elas não começaram só acertando. Elas não começaram com uma vida num "mar de rosas". Elas erraram e erraram muito, mas tiveram a coragem de não ficar paralisadas perante um fracasso momentâneo. Hoje, quando vemos alguém de sucesso, erroneamente pensamos que a vida foi fácil para ele. Verifique mais a fundo e verá que isso não é verdade.

As pessoas de sucesso são sempre as que tiveram a coragem de errar e, principalmente, aquelas que não ficam pensando no seu fracasso. Olham para a frente. Vão em frente. Fazem acontecer. Não desistem. Fazem outra vez, outra vez e outra vez, até conseguir. A perseverança é fundamental, um dos maiores ingredientes para se vencer na vida. Vejo que as nossas crianças não têm sido educadas para perseverar. Deixamos que nossos filhos desistam muito facilmente das coisas. Não os incentivamos a fazer novamente, a tentar de novo, a buscar novos caminhos. Ficamos lamentando o erro, ficamos com piedade deles, em vez de darmos força para que não desistam.

Um chefe, supervisor, gerente, diretor é alguém que deve permitir o erro e incentivar, reforçando positivamente o acerto de seus subordinados. Chefiar, gerenciar, é desenvolver pessoas e fazê-las confiar cada vez mais em si mesmas. Gerenciar é desenvolver a autoconfiança.

Gostaria que você pensasse sobre isso. Como está a sua força interior para não desistir diante de erros e fracassos do cotidiano? Você faz de novo? Tenta novamente? Acredita que é capaz de vencer? Não desiste?

Pense nisso.

Dê crédito a quem realmente merece

Uma das mais raras virtudes das pessoas é dar crédito a quem realmente merece, a quem teve uma ideia, ou fez alguma coisa. Vejo amigos, fornecedores, diretores, chefes, subordinados que, em vez de darem crédito a quem realmente fez determinada coisa, ou teve uma certa ideia, tomam para si esse indevido crédito, ficando, na verdade, desacreditados. Outro dia mesmo estava conversando com uma pessoa que dizia ter tido uma ideia que, na verdade, não era dela. Ela apenas tinha "participado" da sua execução. Quem realmente teve a ideia foi outra pessoa. Na ânsia de querer ser considerada a melhor, a mais capaz, a mais inteligente, essa pessoa tomou para si um crédito que não lhe pertencia. Resultado: ficou em débito com todos que logo depois souberam quem, realmente, havia tido a tal brilhante ideia que a outra tomou para si. Que vergonha!

Dar crédito é uma virtude que faz as pessoas confiarem cada vez mais em você. E, agindo dessa maneira, você só tem a ganhar. A mentira tem "perna curta" e, mais cedo ou mais tarde, a verdade será descoberta e você será considerado um pobre coitado por querer roubar um crédito de quem realmente merece. Conheço gerentes e supervisores que pegam uma ideia, ou um feito realizado por um subordinado, e dizem a seus chefes que a ideia e a ação foram deles próprios. Isso, é óbvio, além de gerar total desconfiança, gera um clima de desmotivação e desagregação a qualquer equipe de trabalho. Nenhuma nova ideia será contada a esse chefe que não sabe dar crédito. Essa insegurança é um erro de avaliação de quem não sabe dar crédito. A verdade é que, quanto mais você der crédito aos seus subordinados, mais eles lhe trarão novas ideias e você, chefe, será considerado um excelente profissional por motivar sua equipe a criar, inovar e propor soluções aos problemas da empresa.

Não tome para si um crédito que não lhe pertence. Dê crédito. As pessoas irão acreditar mais em você, quanto mais você souber dar crédito a elas.

Pense nisso.

Não crie muito caso

Estava em uma reunião com empresários, diretores e gerentes de várias empresas, e um tema interessante veio à tona: falavam sobre as pessoas que "criam caso" com tudo o que lhes é solicitado.

Discutem e argumentam demais antes de fazer, de tentar, antes de – pelo menos – verificar a validade, ou não, da ação. Em um grupo de trabalho essas pessoas são "horríveis", diziam eles. Nada fazem e tudo argumentam. São "contra", antes mesmo de conhecerem detalhes do que se está falando. Ninguém aguenta trabalhar com elas. Ninguém quer que elas participem de projetos, ou grupos. É melhor não lhes solicitar nada, pois lá virão com argumentos *complicadores* e *dificultadores* para fazer, ou deixar de fazer, alguma coisa.

Ou essas pessoas adotam esse comportamento para realmente ficarem fora dos processos – por agirem assim, ninguém vai lhes pedir coisa alguma e elas ficam folgadas e nada assumem –, ou elas realmente não têm consciência de si mesmas, achando-se "críticas" e até mesmo "inteligentes" ou "questionadoras".

Os participantes dessa reunião deram dezenas de exemplos de pessoas com as quais não suportam trabalhar. "Elas vivem para encrencar com tudo e com todos", dizia um dos participantes. "A energia que essas pessoas demandam para convencê-las a fazer alguma coisa, não compensa para tê-las conosco", repetia outro.

Gostaria de sugerir que você se analisasse e visse se não é desse tipo. Precisamos de pessoas proativas, energéticas, disponíveis, questionadoras (é claro), mas não "chatas" e desprovidas de bom senso. Ter de convencer alguém de tudo o que se quer fazer é exaustivo e impeditivo do sucesso.

Pense nisso.

Abaixo o medo de participar

Em um mundo de aceleradas mudanças como o que estamos vivendo, a pior atitude que uma pessoa pode ter é querer viver totalmente "limpa", no sentido pejorativo do termo; ou seja, não se envolver, não se comprometer, não participar. Viver, hoje, é ter a coragem de se "sujar" um pouco em defesa das causas pelas quais vale a pena lutar.

Na empresa é preciso participar dos programas de qualidade e produtividade, sem medo de se "sujar". Na vida comunitária é preciso participar de projetos sociais, sejam filantrópicos, sejam culturais, sem medo de se "sujar". Na vida pessoal é preciso comprometer-se cada vez mais com esposo, esposa, filhos e o sucesso pessoal e profissional, sem medo de se "sujar". Pessoas que querem viver "acrílicas", "assépticas" demais, não podem ter sucesso em um mundo onde o comprometimento é essencial para o sucesso de qualquer causa.

Vejo empresas e pessoas que não querem correr risco algum e, por isso, não se comprometem com nada. Agindo assim, os clientes e as outras pessoas também sentem-se livres para não se comprometerem. E as empresas e pessoas, pouco comprometidas, ficam isoladas em um mundo onde o isolamento é fatal.

Lembre-se de que a ideia de viver acima do bem e do mal, de não fazer, de não participar, de não se comprometer, não funciona nos dias de hoje e que, realmente, "mais vale se sujar um pouco andando, do que morrer sentado!".

Pense nisso.

É preciso gostar do que se faz

160 | SÓ NÃO ERRA **QUEM NÃO FAZ**

Tenho visto, com certa preocupação, pessoas que se sentem "desiludidas" com o trabalho, achando-se "injustiçadas", desmotivadas e tendo uma atitude de fazer cada vez menos, dedicar-se cada vez menos, e "economizar-se" cada vez mais. Isso tem criado um círculo vicioso muito perigoso. Quanto menos essas pessoas dedicam-se e comprometem-se, mais ficam à mercê de serem demitidas, ou substituídas.

É preciso repensar o trabalho. Trabalho não é castigo. Passamos no trabalho as oito melhores horas de cada dia e os 35 melhores anos de nossa vida, no mínimo. Temos de transformar as horas de trabalho em horas de crescimento, de desenvolvimento, de satisfação e de alegria. Uma atitude negativa em relação ao trabalho é a própria morte em vida.

Há pessoas que têm a ilusão de que devem fazer só o que gostam. Isso – me perdoem – não existe. *É preciso gostar do que se faz.* Essa ideia ingênua de fazer só o que se gosta é sonhadora e irreal. Temos de fazer tudo o que pudermos, com nossa inteligência e vontade para, então, gostar do que fazemos. Muitas vezes, isso pode significar "transformar o limão em uma limonada", como se diz popularmente. Na ideia ingênua de fazer só o que se gosta, as pessoas ficam eternamente buscando uma coisa que lhes dê ânimo, alegria, satisfação e, é claro, nunca encontram, pois nunca se dedicam a gostar do que fazem. Essas pessoas têm de transformar o que fazem em algo que, realmente, lhes dê prazer, satisfação, crescimento, orgulho etc. Ficar "brigando" com o trabalho o tempo todo é uma atitude insana e só nos trará crescentes desilusões. É preciso repensar o trabalho como uma forma de realização pessoal e profissional que, no fundo, significam a mesma coisa, pois somos reconhecidos na sociedade pelo que fazemos profissionalmente.

Gostaria que você repensasse suas relações pessoais com o seu trabalho. Será que você não está procurando o impossível? Será que a solução não seria dedicar-se mais, comprometer-se mais, procurando gostar do que faz, em vez de viver atrás do sonho de só fazer o que gosta?

Pense nisso.

Muito obrigado

Tom Peters em seu livro *The Pursuit of Wow* (A Busca do Uau!), no qual fala sobre o "poder", afirma que o mais importante conselho de seu livro é "Não se esquecer de agradecer as pessoas". Diz ele, textualmente, que "se você levar este conselho a sério, pode jogar este livro no próximo lixo e, ainda assim, terá recebido dez vezes mais do que pagou por ele (na verdade vale 10 mil vezes mais). O poder de uma nota de agradecimento é imbatível!".

Peter Drucker disse-nos a mesma coisa numa palestra. Kenichi Omae, o maior guru da administração japonesa, também fala a mesma coisa. Não há consultor sério, ou pessoa que já tenha passado por várias experiências de sucesso empresarial duradouro, que não afirme a mesma coisa. "Agradecer" é a maior arma para se conquistar pessoas, colaboradores e mesmo competidores. Um "muito obrigado" escrito à mão para seus subordinados, colegas ou chefe, é arrebatador. Nada será mais lembrado. Um "muito obrigado" para um cliente, ou fornecedor, após uma visita de negócios, é insubstituível como agregador de simpatia e boa vontade.

Acostume-se a agradecer. Faça do agradecimento um hábito em sua vida. Responda a todos os convites que lhe fizerem agradecendo, independentemente de sua possibilidade de comparecer, ou não. O agradecimento escrito tem mais valor. Ele é permanente. Ele é comprometedor de sua gratidão. Porém, se você achar que é o caso, faça um telefonema de agradecimento. Embora o peso não seja o mesmo, às vezes cabe melhor em determinadas situações mais informais. O importante, porém, é: *nunca se esqueça de agradecer.*

Gostaria que você pensasse sobre isso. Pergunte-se: tenho o hábito de agradecer às pessoas que colaboraram comigo em algum projeto, ou alguma ação? Respondo a todos os convites que me são enviados? Dou o "crédito" a quem realmente fez a tarefa, ou tenho o "hábito"(sic) de tomar as glórias só para mim? Divido com os outros participantes os louros das vitórias, sejam de que tamanho forem? Tenho o hábito de dizer "muito obrigado" sempre que alguém me serve café, água, ou me traz alguma coisa? Agradecer é um comportamento que pode ser desenvolvido com treino. Seja o seu próprio treinador e você verá como um "muito obrigado" faz toda a diferença.

Pense nisso.

Professor Luiz Almeida Marins Filho

Antropólogo. Estudou Antropologia na Austrália (Macquarie University – School of Behavioural Sciences) sob a orientação do renomado antropólogo do Ceilão (Sri-Lanka) Prof. Dr. Chandra Jayawardena e na Universidade de São Paulo (USP), sob a orientação da Profa. Dra. Thekla Hartmann.

Licenciado em História (Faculdade de Filosofia, Ciências e Letras de Sorocaba); estudou Direito (Faculdade de Direito de Sorocaba); Ciência Política (Universidade de Brasília – UnB); Negociação (New York University, NY, USA); Planejamento e Marketing (Wharton School, Pennsylvannia, USA); Antropologia Econômica e Macroeconomia (Curso especial da London School of Economics, em New South Wales) e outros cursos em universidades no Brasil e no exterior.

Professor da Universidade Federal de São Carlos (UFSCar – 1972-1982), lecionando Ecologia Humana e Antropologia. Foi o primeiro professor a implantar e lecionar a disciplina e o estudo de Ecologia Humana no Brasil – Estudos Ecológicos em Antropologia –, em 1974-1975, época em que a Ecologia era pouco estudada nas universidades brasileiras.

Professor da Faculdade de Tecnologia de São Paulo, lecionando Humanidades (FATEC – SP – 1974-1977); Professor Titular da Faculdade de Engenharia de Sorocaba lecionando Ciências do Ambiente, (1977-1983); Professor Titular da Universidade de Sorocaba, lecionando Antropologia (1998-2000) e Professor Convidado em cursos de Pós-Graduação em Universidades e Faculdades no Brasil e no exterior.

Técnico em Contabilidade (1967) e Professor Diplomado de Ensino Fundamental (1967); Secretário de Educação e Saúde de Sorocaba, SP, (1977-1981), e Secretário de Coordenação e Planejamento de Sorocaba, SP (1981-1983), implantou, em 1977, juntamente com técnicos de sua secretaria, o primeiro programa público de Educação Ambiental do Brasil, com programas para toda a população e elogiado pela WWF – World Wildlife Foundation – e que existe até hoje. Na mesma ocasião ajudou a fundar a Sociedade de Zoológicos do Brasil – SZB – que teve sua primeira sede em Sorocaba, SP.

Através da Commit, Produtos Motivacionais, desenvolve produtos para a formação e aperfeiçoamento pessoal e profissional com foco em empresas e profissionais de todos os setores. É autor de mais de quatro centenas de DVD, fitas de vídeo e áudio sobre Motivação, Planejamento, Marketing, Vendas e Gestão Empresarial.

Comentarista Empresarial e de Negócios da Rede Globo de Televisão – TV GloboNews – Programa *Conta Corrente* (1998-2000), tem atualmente o programa *Motivação & Sucesso com Professor Marins*, na Rede Vida de Televisão, todos os domingos, das 19 às 19:30 horas e ainda participação semanal como comentarista e consultor empresarial no programa *Show Business*, com João Dória Jr., na Rede Bandeirantes de Televisão – sábados às 00:15 horas e reprise em várias redes de televisão.

Consultor e Conselheiro de empresas e organizações nacionais e internacionais desde 1984, através da Anthropos Consulting, tendo prestado serviços a dezenas de empresas nacionais e transnacionais, dentre as 500 maiores empresas do Brasil.

Empresário, tendo empresas de sucesso nos ramos de agribusiness; (Universidade do Cavalo, Fazenda Chaparral); comunicação, marketing e produtos de formação profissional e motivação, (Commit, Produtos Motivacionais); consultoria, cursos e treinamentos empresariais (Anthropos Consulting e Anthropos Motivation & Success) e varejo (Motivashop).

Presidente de Honra da Fundação Luiz Almeida Marins Filho (estabelecida em 1999). A Fundação LAMF foi um presente de seus amigos professores universitários ao Prof. Marins, quando completou 50 anos. Realiza projetos comunitários tendo como foco e objetivo ENSINAR A APRENDER e já tem mais de 25.000 crianças em projetos de inclusão digital em escolas públicas de 1ª a 4ª séries, com laboratórios de informática instalados;

Presidente da ANTHROPOS CONSULTING (1984) e da ANTHROPOS MOTIVATION & SUCCESS (2001), empresas pioneiras na utilização da Antropologia no estudo e desenvolvimento empresarial.

O Prof. Marins não deixa de estudar. Até hoje participa, como aluno, de cursos e seminários. Realiza viagens de estudos e visitas a empresas e universidades. No mínimo, duas vezes ao ano, faz cursos em universidades e institutos de formação no Brasil e no exterior, buscando seu próprio aprimoramento. Como professor, ele sabe da importância de se ter uma atitude de aprender sempre. Tem participado de cursos e seminários sobre a China e Índia, inclusive os promovidos pelo Conselho Empresarial Brasil-China, vinculado ao Ministério do Desenvolvimento, Indústria e Comércio do Brasil.

Em março de 2006, prestou uma singular homenagem à HSM Seminários Internacionais pelos 26 seminários e viagem de estudos que já participou, desde 1991, entregando àquela empresa os 26 certificados, com uma carta de gratidão pela ajuda em sua formação. A HSM é a maior empresa mundial de seminários internacionais. Hoje já são 32 os seminários que o Prof. Marins participou, somente da HSM, fora outros cursos realizados no Brasil e no exterior.

Autor de mais de 30 livros.

CONHEÇA OUTRAS OBRAS DO AUTOR

73+1 PERGUNTAS SOBRE LIDERANÇA, GESTÃO, MARKETING, VENDAS, MOTIVAÇÃO E SUCESSO

Autor: Luiz Marins

ISBN: 978-85-8211-075-1
Número de páginas: 224
Formato: 14x19cm

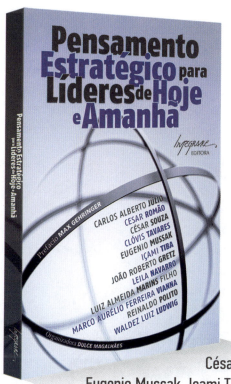

PENSAMENTO ESTRATÉGICO PARA LÍDERES DE HOJE E AMANHÃ

Autores: Carlos Alberto Julio, Cesar Romão, César Souza, Clóvis Tavares, Eugenio Mussak, Içami Tiba, João Roberto Gretz, Leila Navarro, Luiz Almeida Marins Filho, Marco Aurélio Ferreira Viana, Reinaldo Polito, Waldez Luiz Ludwig

Organização: Dulce Magalhães

ISBN: 978-85-9936-228-0
Número de páginas: 128
Formato: 16x23cm

Contato do Autor

www.marins.com.br
contato@marins.com.br

Conheça as nossas mídias

www.twitter.com/integrare_edit
www.integrareeditora.com.br/blog
www.facebook.com/integrare
www.instagram.com/integrareeditora

www.integrareeditora.com.br